상처는 시가 되어

40편의 시와 짧은 이야기
폭력을 넘어 살아낸 여성들의 기록

STILL, SHE WRITES

엮은이 **이원우** Wonwoo Grace Lee
옮긴이 **황유선** Yoosun Hwang

Grace Literature

CONTENTS

서문	4
1. 이별 이후 (After Seperation) by Sue Ellson	8
2. 나는 선 위를 걷고 있는 걸까? (Am I Trip to Line?) by Jacqueline Anderson	16
3. 산산히 부서져 (Battered) by Alicia M. Rodriguez	21
4. 부서진 집 (Domestic Violence Poem) by Sue Ellson	24
5. 침묵의 테이프 (Duct Tape) by Careen Joseph	36
6. 그녀를 찾아서 (Finding Her SELF) by Anju K	40
7. 그 모든 시간들 (For All Those Times) by Elizabeth Shane	49
8. 부서진 나에서 빛나는 나로 (From a Victim to a Survivor to a Thriver) by Nicole Maher	59
9. 숨겨진 진실들 (Hidden Truths) by Balraj Kaur	64
10. 고백을 품고 (Hold) by Katie Chalmers [분위기: 억눌림, 두려움, 진실의 해방]	72
11. 갈망 (Longing) by Catherine Jayne Pugh	74
12. 당신 손에 맡겨진 내 삶 (My Life in Your Hands) by Luisa Dimarco	76
13. 괴물 따윈 없다 (No Monsters Here) by Anita Leonard	80
14. 이제 나는 다 자랐다 (Now I Am Grown) by Wendy Young	85
15. 초록으로 물드는 사다리 (Painting the Ladders Green) by Anonymous	87
16. 환각에 잠겨 (Phetting) by Jacqueline Anderson	89
17. 가득히 (Plenty) by Abigail Bobb-Semple	93
18. 붉은 깃발 (RED FLAGS) by Anonymous	97
19. 깊게 숨 쉬며 되돌아보다 (Reflecting Back with a Deep Breath) by Jenny Watts	106

20. 나를 다시 기억하며 *(Remembering Who I Am) by Ashley Gray*　110

21. 부정 속의 삶 *(Living in Denial) by Jane Phipps*　114

22. 작고 보이지 않게 *(Small and Invisible) by Fiona Jayne*　118

23. 태양을 따라 걷는 발걸음 *(Steps Around the Sun) by Jamie Miller*　122

24. 생존은 끝이 아니다, 그 이후의 삶이다
   (Survival Isn't the End, It's the Living Afterward) by Anonymous　127

25. 그 눈빛 *(That Look) by Abigail Bobb-Semple*　135

26. 자가면역 반응 *(The Autoimmune Reaction) by Natasha*　139

27. 끝은 시작 *(The End is the Beginning) by Sharon Elizabeth Brown*　147

28. 그들이 꺾으려 한 소녀
   (The Girl They Tried to Break) by Zoe Louise Smith　148

29. 밀려난 의지처 *(The Go to Girl Once Removed) by Ali Kenefick*　152

30. 내가 아버지라 부르는 남자
   (The Man I Call Dad) by Anonymous　154

31. 떠나지 않는 고통 *(The Pain That Stays) by Fiona Jayne*　158

32. 내가 짊어진 값 *(The Price I Pay) by Gloria Eveleigh*　160

33. 삶의 각본 *(The Script) by Abigail Bobb-Semple*　162

34. 나를 가두는 갑옷 *(Prison of Armour) by Zoe Leeds*　165

35. 무제 *(Untitled) by Clare*　172

36. 순수의 아이 *(The Child of Innocence) by Kim*　176

37. 유년의 집 내 오두막을 찾아
   (Visiting My Cottage My Childhood Home) by Rosaleen O'Brien　182

38. 전쟁구역 *(War Zone) by Wendy Young*　186

39. 비난은 어디에 닿는가 *(Where Lies to Blame) by Jayne*　188

40. 당신은 결코 혼자가 아니다 *(You Are Never Alone) by Maxine Ana*　190

서문

"There is no greater agony than bearing an untold story inside you."
— Maya Angelou, 1969.

세상 어디서든, 여성들의 삶 곁에는 여전히 가정폭력과 성폭력이라는 그림자가 길게 드리워져 있습니다. 그러나 그 어둠 속에서 목소리를 내고자 한 용감한 이들에게, 세상은 아직 충분한 자리를 내주지 않았습니다. 마야 안젤루의 말처럼, 자신의 이야기를 세상에 건네는 순간은 짐을 내려놓는 순간이자, 회복으로 향하는 첫 발걸음입니다. 동시에 우리 모두가 이 문제를 외면하지 않고 마주해야 한다는 신호이기도 합니다.

글쓰기는, 작은 목소리를 멀리 퍼뜨리는 힘을 지닌 마법 같은 도구입니다. 누군가의 글을 읽는 짧은 시간 동안, 우리는 그 사람의 심장을 빌려 뛰고, 낯선 이의 눈으로 세상을 바라봅니다. 그러다 보면 타인의 슬픔과 분노, 그리고 다시 일어서려는 떨림이 우리의 가슴속에도 차오릅니다. 이 시집은 바로 그 순간들을 통해, 무심함과

냉소가 만연한 시대에 조금 더 따뜻한 마음과 열린 시선을 불러내고자 합니다.

하지만 저는 단지 마음만 움직이기를 바라지 않습니다. 이 책이 바라는 것은 실제의 변화입니다. 정책과 제도가 바뀌어, 우리가 함께 살아가는 세상이 더 안전하고 더 포용하는 공동체로 자라나는 것입니다.

이제 이 시들을 읽는 동안, 독자는 생존자들의 길 위를 함께 걸어야 합니다. 그들의 눈을 통해 세상을 보고, 그들의 상처와 떨리는 감정을 함께 안아야 합니다. 그리고 마침내, 그들의 이야기가 독자의 심장에 불씨가 되어, 작은 행동과 큰 변화를 향해 타오르기를 바랍니다.

As many realize, domestic and sexual violence are extremely prevalent issues for women around the world. Despite this, little effort has truly been made to provide brave survivors with a platform to share their voices. In alignment with Angelou's words, the action of sharing your story can feel as though a weight has been lifted, providing a vital stepping stone for survivors on their road to recovery, and raising awareness of the importance of addressing these issues in order to truly overcome them as a society. Creative writing is a strong, yet often neglected, tool for change. By reading one's creative work, a reader can step into their shoes for a few precious moments, feeling the author's emotions course through their bodies and becoming engrossed in the experiences of a stranger. In this way, this collection aims to develop greater empathy and open-mindedness in an age of distraction, apathy, and division.

Beyond raising awareness, this anthology is created in hopes of tangible improvements in the form of policy changes. It is through concrete changes led by the government that we as a society can begin to move forward as a safer, more accepting community.

When reading these poems, one should walk the paths of survivors and see through their eyes. Experience the injustices and embrace their painful emotions. Let their stories ignite your action.

1. 이별 이후 (After Seperation) by Sue Ellson

이별 직후
창밖을 내다보니
세상은 흑백에서
빛깔로 바뀌어 있었다

그 순간
모든 잘못이 옳게 느껴졌지만
나는 몰랐다
그것이 싸움의 끝이 아님을

나의 상황은
날마다 생존 모드로 나를 몰아넣었다
슬픔을 다룰 시간도 없었고
부끄러운 짐을 덜 여유도 없었다

그래서 나는 치료를 받았다
온갖 방식을 다 시도했다
조금 나아졌다고 느낄 즈음

다시 미끄러지며 무너졌다
고통의 안락함 속으로
집처럼 익숙한 그곳으로
그것이 나의 새로운 일상이 되어
그 굴레에서 벗어날 수 없었다

마치 떠나야만 하는 것 같았다
다시 또다시
작은 자극 하나에도
내 평온은 산산이 부서졌다

이제 내 영혼은 조각나
수많은 이들에게 흩어졌다
어떻게 다시 되찾을까
나를 가린 가면을 벗어내며

죄책감, 두려움
분노와 상처
슬픔과 애통
가치에 대한 끝없는 질문들

왜, 왜, 왜
나는 이 고리에 갇혀 있는가

시간은 흘렀으니
다시 나를 추슬러야 한다

나만의 방식을 찾아내리라
나에게 맞는 길을
참된 나를 말해 줄
그 단어들을 찾아내리라

그 말들은 종이 위에 쓰여지거나
목소리로 흘러나올 것이다
따뜻한 마음이 응답해주면
나는 당당히 설 수 있으리라

내가 견뎌낸 모든 것 앞에
가능한 방식으로
실수와 때때로 찾아오는 흔들림에도 불구하고
나는 살아냈으니

아직도 바다 위의
코르크 마개 같은 기분이지만
물은 여전히
내 모든 움직임을 떠받쳐준다

감사를 전하고 싶다
이 길에 함께한 모든 이들에게
내가 성장하는 동안
새로이 배운 모든 깨달음에

나는 길을 찾으리라
이 도움을 기리며
마침내 나답게
살아가리라

나는 진실을 찾으리라
기쁨과 세심함으로
나 자신과 타인을 위해
세상 어디에서든

그 은총 안에서
나는 마침내 보리라
내 안에 깃든 사랑과
그 빛나는 아름다움을

After Separation by Sue Ellson

Shortly after separation
I looked out the window to see
The world had changed to colour
From the black and white previously

And in that moment
All that was wrong felt right
But little did I know
That was not the end of the fight

My circumstances had left me
In daily survival mode
No time to process my grief
Or lighten my shameful load

So off to therapy I went
All different types I tried
And just as I thought I'd made progress
I'd have a setback and start to slide

Back into the comfort of pain
The place that felt like home
For that was my new normal
From which I could not roam

It was like I'd have to leave
Over and over again
Every little trigger
Keeping me from my zen

By now my soul was in pieces
Given to so many others
How do I claim it back
And release the mask that covers

The guilt, the fear
The rage and hurt
The sadness and sorrow
The questions of worth

Why, why, why
Am I stuck in this loop
Time has now passed

I need to regroup
I'll find a process
That works for me
The words I'll find
To truly be

They'll appear on a page
Or be spoken aloud
A kind heart will respond
So I can stand proud

Of all that I've overcome
In whatever way possible
Despite the mistakes
And the occasional wobble

Although I still feel
Like a cork on the ocean
The water still supports
My every motion

I'd like to thank
All those involved

For each new discovery
As I've evolved

I'll find a way
To honour this help
And finally live
As myself

I'll find the truth
With joy and care
For self and others
Everywhere

In that grace
I'll finally see
The love within
And its beauty

2. 나는 선 위를 걷고 있는 걸까?

(Am I Trip to Line?) by Jacqueline Anderson

둔중한 어뢰들, 진정제 위에서 기어가며
끔찍한 약물과 전쟁을 벌인다
프로작의 심술은 잠시 미뤄지고
트라마돌의 독성은 경계를 넘어
리튬 사랑의 끝을 흩트린다

DMT의 공짜 파편이 부서지고
케타민의 에스컬레이터를 간질이며
죽어가는 튀겨진 마음의 파이를 신전처럼 세운다
합쳐진 초록 환각을 치솟게 하고
터지는, 팔리는, 비틀리는 길들 위에

수정처럼 굳어버린 울음의 쇄도가 몰려오고
마음의 비명, 갈라진 눈, 금이 간 한숨
약물 순찰에 잠긴 나락의 잠수
선함을 무덤 속에서 기다리고
갈리고, 톱니처럼 깎인 삶들

변갈아 소외된 마찰 속에서
대안을 오염시키는 지성

마음 노예들의 갈망하는 길에
질퍽한, 벙어리장갑 낀 진창
비굴하게 달라붙는 거짓된 이야기

숄로 감싼 작은 죄들의 층 위에
부서진 장식의 조롱이 얹힌다
메스암페타민으로 굳어버린 가슴
부서진 심장과 곪아버린
메틸로 뒤덮인 머리 수레의 버려진 여자들

핵분열된 아이들은 매질에 얻어맞고
부슬부슬 쏟아지는 파편 같은 현실로
화학적 재앙의 무생명 속에서
광기로 잉태된 명료한 혼란
부모의 수줍은 마음의 상실

약을 배달하며 파고드는
저녁도, 기저귀도 아닌 꿈만을
목욕도, 잠자리도 아닌 약으로
창고에, 어두운 여인들과 함께
뒷골목 거래소의 지하 감옥에서

아이 분유를 약과 바꿔치기하며
보편적 약물의 얼굴로
피 묻은 열등감에 절여진

Am I Trip to Line? By Jacqueline Anderson

Torpid torpedoes on tranqs
Waging wars on dreadful drugs
Prozac petulance postponed
As tramadol toxicity transcends
The ends of lithium love ins

Fractilising freebies of DMT
Titillating escalators of ketamine
shrines of dying frying mind pies
Surging the merging psygreenery
Of popping pimping wimping ways

With rushing crushes of crystallized
Cries of mind, eyes cracking, sighs

Of moping, doping policed dives
Waiting for goodness in graves
Of grated, serrated knifed lives
Of alternating alienated friction
Adulterating the alternative wit
In the wanting ways of mindslaves

The sludged, mittened, matted
Slagged fiction of fawning fouls
In shales of shawled peccadillos
And bantered buntings of busts
Crusted with methed breasts

Of breaking hearts and festered
Tarts with methylated headcarts
Of frissioned kids smacked hard
With raw reality of drizzled shards
Of no lives of chemical calamity

Mothered manic clear chaos
Lostness of shy minds of parents
Delving into delivering narcotics
Dreams, not dinners or nappies

Not baths or beds, but meds
In sheds with shady ladies in
Backstreet dungeons of dealers
Bartering baby food for drugs
To the universal drugged mugs
Of mug-blooded inferiority

3. 산산히 부서져 (Battered) by Alicia M. Rodriguez

너는 내가 내뱉는 모든 말마다 나를 때렸다
나는 매일 쓰는 찻잔처럼
깨지고 이가 나가고
말과 주먹에 의해 산산이 부서졌다

나는 울었다
부서지고 짓밟힌
나의 모든 것을 위해
여자들, 아이들
살과 **뼈**와 피가
모두 드러난 채로

말들
진실로 위장된 그것들이
너를 보호했다
남자 여자
남편 아내
주인 재산

내일

그들은 나를 발견하겠지

날카롭게 부서진 조각으로

피 묻은 여자의 잔해로

살, 뼈, 피가

실려 나가

묻혀진 채로

익명으로

단어 하나하나로

Battered by Alicia M. Rodriguez

You beat me for every word I say,

like every day china I am chipped

and broken into pieces

by blows and words.

I cry for all

of me

beaten and broken

women children

flesh, bone, blood

exposed.

Words,

disguised as truths

protect you

man woman

husband wife

owner property

Tomorrow,

they will find me

broken into jagged pieces,

bloody remnants of woman

flesh, bone, blood

carried out and

buried

anonymously,

word by word.

4. 부서진 집 (Domestic Violence Poem) by Sue Ellson

나는 관계 속에서
진실한 사랑을 찾으리라 믿었다
처음은 그렇게도
찬란하고 아름다웠으니까

나는 마음과 영혼 깊이
그들과 이어졌고
그들의 손길과 말 한마디가
내가 찾던 모든 것이었다

그러다 어느 날
방아쇠가 당겨졌고
상처가 시작되었으며
내 영혼이 흔들렸다

하지만 사랑이란 무엇인가
조건이 붙는다면 그것이 사랑일까
아마도 단순한 실수였으리라
그들 나름의 이유가 있었으리라

쏟아지는 말들, 변덕스러운 기분들

끝없는 도전과, 그 괴로움
그것들은 불어나더니
폭포처럼 쏟아지는 냉혹함이 되었다

그때쯤 나는 이미 뒤틀리고
형체조차 알아볼 수 없게 망가져
나 자신을 의심했지만
끝내 탈출을 갈망했다

누가 나를 믿어줄까
어떻게 살아남을까
죄수처럼 갇혀
안에서 잠겨버린 채

제대로 작동하지 못하는 마음
집이지만, 결코 집이 아닌 곳
매순간이 두려움이었고
도망칠 길조차 없었다

나의 꿈은 사라지고
남은 건 생존뿐
한숨 한숨 이어가며
그저 버티는 것밖에 없었다

나는 한순간 엿보았다
삶이 어떨 수 있는지를
하지만 오래 가지 않았다
다시 분쟁 속으로 돌아갔다

틀렸어, 틀렸어
언제나 나의 죄였어
틀렸어, 틀렸어
내 심장은 잠긴 금고에 갇혀

눈물, 두려움
어둠과 공포
나는 이 끔찍함 속에
영원히 남아야 하나

어떻게 보호할 수 있을까
나 자신과 내 사랑하는 이들을
숨쉬기조차 벅차고
자원도, 돈도 없는데

절망과 낙담 속에서
빠져나갈 길은 보이지 않는다
수없이 애써봤지만

다시 이 자리에 주저앉아 있다

뒤엉킨 감정들이 하루를 갉아먹고
자유는 나를 설레게 하지만 두려움이 나를 붙잡았다
한줄기 기쁨이 마음을 스치며
이번만은 정말 가능할 지도 모른다

작은 한 걸음을 내딛자
내게 필요한 도움을 받기 위해
분명 어딘가 있을 것이다
내가 첫 씨앗을 심게 해달라

들으며 배우게 해달라
그리고 앞으로 나아갈 길을 찾게 해달라
나는 떠나지 않아도 될지도 모른다
그러나 앞으로 움직여야 한다

그래, 나는 도움이 필요하다
그리고 내 파트너도 마찬가지다
쉽지 않을 것이다
하지만 내가 할 수 있는 걸 해보겠다

누군가는 이해하지 못하겠지

그도 괜찮다
언젠가 더 밝은 날에
그때 가서 설명하리라

산산이 깨어진 내 현실을
구하고 이어 붙이는 일
수 년이 걸릴 지도 모른다
다시 제자리로 돌아가기 까지

하지만 이 여정 위에서
삶과 생존의 여정 속에서
도움과 지지를 받으며
언젠가는 내가 번영할 것이다

나는 배우게 될 것이다
친절과 돌봄을
나의 가치를 이해하고
공정한 경계를 세우는 법을

나는 안다, 사랑이 있음을
무수한 모습으로 다가와
손길과 존재를 넘어
그 힘은 나를 바꾸어 놓는다

친절 속에서, 나는 되돌아본다
내가 견뎌온 모든 날들을
내 안 깊이 잠겨
그 속에서 얻은 보물을 품는다

지혜와 통찰은
나에게 힘이 되어주리
이제 나는 안다
끝없이 뻗어나갈 수 있음을

Domestic Violence Poem by Sue Ellson

In relationship, I thought
I would find true love
After all, it had such
A wonderful start

I connected deeply
In heart and mind
Their touch, their word
Was all I wanted to find

Then one day
A trigger occurred
The hurt began
My soul was stirred

But what is love
If it has conditions
Surely it was a mistake
And they had their reasons

The comments, the moods

The challenges, the torments
They started increasing
Cascading intolerance

By now, I was bent
Quite out of shape
Doubting myself
But longing for escape

Who would believe me
How would I survive
Trapped like a prisoner
And locked inside

A mind that couldn't function
A house, not a home
Fearful each moment
Nowhere to roam

My dreams vanished
Survival was all I knew
From this breath to the next
Was all that I could do

I would catch glimpses
Of what life could be like
But it wouldn't take long
For me to be back in strife

Wrong, wrong
It was always my fault
Wrong, wrong
My heart locked in a vault

Tears, fears
Darkness and terror
Must I remain
In this horror forever

How can I protect
Myself and my loved ones
When I can hardly breathe
Have no resources or funds

Desperate and dismayed
I see no way out
I've tried before

But I'm back on this couch

Mixed emotions plague my day
Freedom excites but fear makes me stay
Glimmers of joy light my mind
Maybe it could work this final time

Let me take a small step
To get the help I need
It must be out there
Let me plant the first seed

Let me listen and learn
And find a way forward
I may not have to leave
But I need to move onward

Yes, I need help
And my partner does too
It may not be easy
But I'll see what I can do

Some people won't understand

And that's okay
I will explain later
On a brighter day

To rescue and repair
My broken reality
It could take years
To return to normality

But on this journey
Of life and living
With help and support
One day I'll be thriving

I'll learn to receive
Kindness and care
I'll understand my worth
And set boundaries fair

I know there is love
In so many forms
Beyond touch and presence
Its power transforms

In kindness, I'll reflect
On what I've survived
I'll dive within
And cherish my prize

Wisdom and insight
Will give me strength
For now, I know
I can go any length

5. 침묵의 테이프 (Duct Tape) by Careen Joseph

왜 그렇게 잔인했나요, 내가 드린 건 사랑과 보살핌뿐이었는데?
왜 우리 아이들을 이용하고 모른 척했나요?
이어지는 소송과 정신적 조종의 전술, 하루의 모든 순간을 도망치려 애쓰며 보냈어요.
당신의 행동을 나는 다만 '심리적 폭행'이라고밖에 표현할 수 없습니다.
왜 부모에게 거짓말을 했나요, 내가 정신병자라고?
왜 그들에게 그렇게 많은 상처와 고통을 안겼나요?
왜 나와 아이들에게 먹을 것을 구걸하게 만들었나요?
아마 당신들은 모두 기분이 안 좋았을 뿐이라고 말하겠지요.
왜 진눈깨비와 눈보라 속에 나를 내쫓았나요?
당신의 병든 어머니를 들여와 따뜻하게 해주려는 이유라면서.
우리 아이들이 얼마나 두려워하고 흔들렸는지를 보지 못했나요?
아마 당신들은 모두 그 흰 드레스를 입은 것이 바로 당신의 어머니였다고 말하겠지요.
왜 질투와 시기와 탐욕으로 가득한, 정신적 불안이 있는 친척 변호사의 말만 듣나요?
가족의 성공을 위해 그녀의 유독한 법기술을 과시하게 하고,
당신들은 당국을 오가며 괴롭힘 혐의를 날조했죠.
아마 당신들은 인생이란 레몬과 라임 같다고 말하겠지요.
왜 내 삶을 숨을 쉴 수 없을 만큼 통제했나요?

숨을 헐떡일 때 당신은 보고 웃기까지 했죠.
우리 아이들은 울며 기도했어요, 제발, 제발, 엄마를 살려 주세요.
거짓말 때문에 내가 스스로 목숨을 끊는 모습을 보는 것이 쾌감이었나요.
예, 나는 죽었어요. 이제 만족하나요? 다만 나는 겉으로 멀쩡하고 속으로 이미 죽어 있었습니다.
왜 속으로 죽었느냐고 묻겠지요?
선택의 여지가 없었어요.
내 아이들은 내가 함께 있어주길 원했으니까.
우리는 일곱 해를, 깨어 있는 매 순간을 우리 탈출을 전략적으로 계획하며 보냈습니다.
독성 가족들이 자행하는, 집단적이고 조직적인 심리적 폭력의 세계에 오신 것을 환영합니다.

Duct Tape by Careen Joseph

Why be so cruel when all I offered was love and care?
Why did you use our children and pretend you were not aware?
Back-to-back litigation mind control tactics, spending every minute of our day trying to escape.
I can only describe your behaviour as psychological rape.

Why tell lies to my parents, claiming I am mentally insane?
Why put them through so much heartache and pain?
Why force me and the children to beg for food?
I guess you will all say you were just in a bad mood.

Why put me on the street in the sleet and snow?
To move your mentally ill mother in to keep her warm.
You could see how much our children were scared and distressed.
I guess you will all say it was your mother who wore THE white dress.

Why listen to a psychotic barrister cousin who is full of jealousy, envy, and greed?
Showcasing her toxic legal skills so the family could succeed.

Running back and forth to the authorities fabricating harassment crimes.
I guess you will all say life is like lemons and limes.

Why control my life to the point where I could no longer breathe?
Gasping for air while you watch and laugh at me.
Our children cry begging GOD, please, please, don't let Mummy die.
Receiving pleasure, watching me take my own life because of LIES.
Yes, I did die. ARE YOU HAPPY NOW, but I ONLY died inside.

Why inside, AND not outside, did you all say?
I had no choice.
MY children needed me to stay.
We spent SEVEN years and every waking moment strategically planning OUR escape

Welcome to the world of toxic families' psychological form of gang rape.

6. 그녀를 찾아서 (Finding Her SELF) by Anju K

1년 전…
같은 날, 같은 시간.
더 이상 몸을 해치지 않던 그는
이제 그녀의 마음을 겨눴다.
한 마디 한 마디가
그녀의 영혼을 찔렀다.
자존심을 벗겨내며
그녀를 벌거벗겼다…
머리끝에서 발끝까지 드러난 영혼,
상처는 깊어져 피로 흘렀다,
아무도 알아보지 못하는 상처들.
그리고 그는 그녀를 남겨두고 떠났다
마치 짐짝처럼…
짐,
무거운 덩어리.
인간이 아니라 무게였을 뿐.
그녀는 달렸고,
그녀는 소리쳤다.
그녀는 울부짖었고,
그녀는 무너졌다…
멍한 상태로, 그녀는 생각했다,

"지금 나는 꿈을 꾸는가?
분간할 수가 없어"
그가 자신을 홀로 남겨두고 떠났다는 사실을
그녀는 믿을 수 없었다.
아니, 누구를 위한 것도 아닌
오직…
그녀의 존재 자체를 무너뜨리기 위해.

다시 그녀는 울었다.
숨을 쉴 수 없었다.
눈물이 홍수처럼 쏟아졌다.
이게 무슨 뜻일까?
그녀는 울고 싶었다…
그녀는 소리치고 싶었다…
그녀는 숨어버리고 싶었다…
…어딘가…
그러다… 그녀는 멈췄다.
깊게 숨을 들이쉬고
일어서서
당당히 걸어 나갔다,
무언가를 찾아서…
무엇을?…
무언가…

누군가…

그녀조차 알지 못했다:

그녀 자신의 자아.

사람들이 그녀에게 물었다,

"그는 누구였나요???"

"당신의 남편???"

"아니요!

그는 내 가해자였어요."

"하지만 보세요, 당신은 축복받았잖아요…"

"당신은 살아남았잖아요…"

"하지만 정말,

내가 살아있는 것으로 보이나요???"

어쩌면 그녀는

겉으로는 살아 있는 듯 보였지만…

매 순간,

매 밤마다,

그녀는 죽어 있었다

반쯤 죽은 채로.

그녀는 여전히 상처를 지녔다

결코 드러나지 않는 상처들,

남아 있는 상처들

모두 다 보이지 않는 채로.

어떻게 살아가야 하나?

그녀의 머릿속에
그의 목소리가 울렸다…
"사람들은 너를 소유하려고
돈을 낼 거야."
"아니!"
삶을 예언하듯,
"사람들은 나와 대화하기 위해
돈을 낼 거야."
그녀는 자신의 삶을 이야기했다…
다른 이들은 그것을 이야기라 불렀다.
그러나 글을 쓰는 가운데,
그녀는 다시금
빼앗길 뻔했던
자기 정체성을 찾았다
그것이 언제냐고?…
그녀는 알지 못한다.

Finding Her SELF by Anju K

One year ago …
Same date, same time
No longer killing her body,
He turned to her mind.

Word by word,
he stabbed through her soul.
ripped off self-respect,
left her naked …

A naked spirit from head to
sole,
wounds grew deep and started
to bleed,
wounds that no one else could
see.

Then he left her behind
like some piece of luggage …
a burden,
dead weight.

Not human, just tonnage.

She ran,
she screamed.
She cried,
she fell …

Numbly, she thought,
"Am I dreaming?
Can't tell!"

She could not believe
that he left her alone,
No, not for others
but for …
her SELF.

Again, she cried.
She could not breathe.
Tears turned to torrents.
What did this mean?

She wanted to cry …

She wanted to scream …
She wanted to hide …
… somewhere …

But then … she paused.
took a deep breath
and stood.
and walked tall
in search of something …

What? …
Something …
someONE …
Even she didn't know:
Her SELF.

Then people would ask her,
"Who was he???"
"Your husband???"

"NO!
"He was my abuser."
"But look, you are blessed …"

"You have survived …"
"But really,
do I look …
alive???"

Maybe she looked
from the outside alive …
but every second,
every night,
she had been killed
half her life.
She still carries wounds—
wounds never visible,
wounds that remain—
all but invisible.

How will I live?
In her head, she can hear
Him …
"People will pay to sleep with
you."

"No!"

Prophesying life,
"People will pay
to SPEAK with me."

Her life, she spoke out …
others call it a story.
But in writing,
she once again
found her identity—
one almost stolen.
When? …
She doesn't know.

7. 그 모든 시간들 (For All Those Times) by Elizabeth Shane

그 모든 시간들
당신은 내 껍질을 벗겨냈고
금단의 열매를 억지로 맛보게 했고
내 손을 네 욕망의 도구로 만들었고
경계를 넘어 파고들었고
소리를 지우려 내 목을 감싸며 조여왔다

그 모든 시간들
나는 한 번도 아니라고 말하지 않았다

그 모든 시간들
나는 원치 않는 그림자가 내 안으로 스며드는 걸 견뎠고
머리맡에 차가운 총구가 닿는 걸 느꼈고
뒤틀린 부정의에 시달렸고
두려움에 숨조차 멈춘 채
내 몸을 접시에 담아 내놓았다

그 모든 시간들
나는 한 번도 아니라고 말하지 않았다

그 모든 시간들

나는 발걸음을 재촉하며 어두운 길을 지나갔고
뒤쫓는 그림자를 떨쳐내려 길을 가로질렀고
내 피난처를 가구로 막아 세웠고
모든 게 빨리 지나가길 바라며 눈을 감았고
말 한마디 없이, 침묵으로 허락을 대신했다

그 모든 시간들
나는 한 번도 아니라고 말하지 않았다

그 모든 시간들
나는 소리 지르지 않았고
조용히 있었고
침묵했고

결코 맞서 싸우지 않았고
누구에게도 말하지 않았다

그 모든 시간들
나는 한 번도 아니라고 말하지 않았다

그 모든 시간들
나는 특별하다고 느꼈고
당신이 나를 선택했다고 믿었고

당신이 나를 사랑한다고 생각했고
당신의 관심을 원했고
더 많이 바라기까지 했다

그 모든 시간들
나는 한 번도 아니라고 말하지 않았다

그 모든 시간들
나는 당신을 믿었고
사랑했고
혐오했고
두려워했고
그리워했다

그 모든 시간들
나는 한 번도 아니라고 말하지 않았다

그 모든 시간들
말하려 할 때마다 떨었고,
부끄러움에 고개를 숙였으며,
스스로 상처를 더 깊이 새기고,
어둠 속으로 스며들어,
산산이 부서져 흩어졌다.

그 모든 시간들
나는 한 번도 아니라고 말하지 않았다

그 모든 시간들
나는 매일같이 괴로움에 시달렸고
이제 목소리를 낸다
두려움이 더는 나를 침묵시키지 못한다
내 목소리는 들릴 것이다
진실은 울려 퍼질 것이다

그 모든 시간들
나는 한 번도 아니라고 말하지 않았다

그 모든 시간들
나는 묻지도 않았고
이제는 스스로에게 허락한다
내 선택
내 몸
내 권리

그 모든 시간들
나는 한 번도 아니라고 말하지 않았다

그 모든 순간마다
나는 멈추라 외치고 싶었다,
멈춰!
나는 어른이고
나의 삶과
내 자유의 주인이다.

그 모든 시간들
나는 한 번도 아니라고 말하지 않았다
그 모든 시간들
당신은 이겼다고 믿었겠지
무너진 수많은 삶들 위에서
그러나 우리는 다시 일어설 것이다
서로의 힘을 모아
하나가 되어 함께 설 것이다

그 모든 시간들에 맞서
우리는 말할 것이다, "아니"라고.

For All Those Times by Elizabeth Shane

For all those times

You stripped away my layers,

Made me taste forbidden fruit,

Forced my hands to do your work,

Penetrated beyond boundaries,

Hands snaked around my neck, ready to silence the sound.

For all those times

I never said no.

For all those times

I endured unwanted shadows creeping inside,

Felt cold metal of a barrelled gun pushed against my head,

Suffered perversion of injustice,

Paralysed my breath through restrained fear,

Offered my services on a plate.

For all those times

I never said no.

For all those times

For all those times

I quickened my footsteps down a dim lit path,

Criss-crossed patterns in the road to shake away the followers,

Barricaded my sanctuary through blockades of furniture,

Feigned sleep to hasten your desire,

Gave you permission without speaking a word.

For all those times
I never said no.

For all those times
I didn't scream,
Kept quiet,
Stayed silent,

Never fought back,
Ever told.

For all those times
I never said no.

For all those times
I felt special,
Chosen by you,

Thought you loved me,
Wanted your attention,
Asked for more.

For all those times
I never said no.

For all those times
I trusted you,
Loved you,
Despised you,
Feared you,
Missed you.

For all those times
I never said no.

For all those times
I trembled to speak,
Felt ashamed,
Pushed the knife deeper in,
Faded into darkness,
Shattered into broken pieces.

For all those times

I never said no.

For all those times

I am haunted daily,

I speak out.

Fear will no longer silence me,

My voice shall be heard,

Truth will resonate.

For all those times

I never said no.

For all those times

I wasn't asked,

I give myself permission.

My choice.

My body.

My right.

For all those times

I never said no.

For all those times
I longed to say stop,
Stop!
I am the adult
With ownership
Of my freedom.

For all those times
I never said no.
For all those times
You think you won,
Of lives destroyed.
We will stand strong,
United in power,
Together as one.

For all these times
We will say no.

8. 부서진 나에서 빛나는 나로

(From a Victim to a Survivor to a Thriver) by Nicole Maher

처음은 단순하게 시작됐다. 그가 두 직장을 다니는 동안, 나는 한 직장에서 일하며 그를 도왔다.

나는 그의 집안일꾼이었다. 그의 어머니가 늘 모든 걸 대신해주었기에, 밥상을 차리는 것도 내 몫이었고, 나는 피해자였다.

적은 돈으로 모든 고지서를 메우는 동안 그는 스포츠카를 샀고, 나는 피해자였다.

내 차를 포기해야 했다. 그의 멋진 차에 흠집이 나지 않도록, 나는 피해자였다.

그러다 상황은 더 나빠졌다.

나는 출근길조차 스스로 갈 수 없었고, 그가 퇴근 후 외출을 즐기다 나를 잊고 몇 시간씩 방치할 때, 나는 피해자였다.

밤마다 전화가 와 옷이 깨끗이 빨려 다림질되었는지 확인하며, 소파에 앉아 담배 피우는 게으름뱅이라고 모욕할 때, 나는 피해자였다.

나는 아파트에 고립되었고 세 살배기 아들만이 대화 상대였다, 나는 피해자였다.

설거지를 하다 엄지가 깊게 베였을 때 그가 치료비를 내지 않겠다고 해 병원에 갈 수 없었다, 나는 피해자였다.

그리고 마침내 폭력이 시작되었다.

귓가를 울리던 단 한 번의 폭행으로 나는 탈출해야 한다는 걸 알았다. 잠긴 방문을 부수고 들이닥칠 때, 화장실 문마저 부숴버린 그의 눈에서 악마를 본 순간, 나는 탈출해야 한다는 걸 알았다.

그렇게 세게 때린 게 아니라며 그가 부정하는 순간 나는 탈출해야 한다는 걸 알았다.

다른 남자는 너와 아이를 책임지지 않을 테고 너희는 영원히 혼자, 그리고 아무도 사랑하지 않을 거라는 그의 마지막 협박 속에서 나는 탈출해야 한다는 걸 알았다.

그 모든 폭력 때문에.

나는 학교에 들어갔고 4년 후 우등으로 학위를 받았다. 나는 살아남은 자다.

나는 목소리를 되찾았고 아들과 나는 더 나은 삶을 누릴 자격이 있으며 나는 스스로 해낼 수 있음을 깨달았다, 나는 살아남은 자이기 때문에.

나는 좋은 사람을 만났다. 나를 한 번도 때린 적 없는 따뜻한 이와 함께 세 아이를 낳았다, 나는 살아남은 자다.

이제 나는 다른 피해자들을 위해 목소리를 낸다. 그들이 독립, 자기 사랑, 폭력 없는 세상으로 나아가는 길을 볼 수 있도록. 나는 이제 살아남은 자를 넘어, 더 나아가 살아가는 자다.

이제 나는 다른 가정폭력 생존자들을 위해 목소리를 내고, 그들이 독립과 자기 사랑, 그리고 폭력 없는 세상으로 나아가는 길을 볼 수 있도록 도울 수 있으니, 나는 생존자를 넘어 다시 일어난 사람이다.

From a Victim to a Survivor to a Thriver by Nicole Maher

It started off as helping him while he worked two jobs, and I worked one.

I was his maid because his mom always did everything for him, I was a victim.
I had to make all the meals because his mom always had meals on the table for him when he was ready to eat, I was a victim.
I had to pay the bills and find ways to pay for them all with the little bit of money we had, as he bought things for his sports cars, I was a victim.
I had to give up my car, so he did not put miles on his nice cars, I was a victim.

It then turned the corner to worse.

I could no longer drive to work and would have to wait hours sometimes while he went out after work, and forgot to pick me up, I was a victim.
Calling me at night and telling me to make sure his work clothes were clean and ironed, and that I was not sitting on my fat ass on the couch smoking, I was a victim.

I was isolated in the apartment with only my 3-year-old son to talk to, I was a victim.
I was told I could not seek medical attention after I cut open my thumb while doing dishes, he was not going to pay for it, I was a victim.

Then the violence came.

It only took that one hit that rang in my ears for what seemed to be a lifetime to realize I needed out.
It only took him barging through the locked bedroom door, as I then locked myself in the
bathroom, and seeing the evil in his eyes when he broke through the bathroom door to realize I needed out.
It only took him once to deny that he did not hit me that hard to realize I needed out.
It only took him telling me for the last time that no man would ever take care of me and my
son the way he did, that we would be alone forever, and no one would ever love us, to realize I needed out.

Because of the Violence.

I put myself into school and 4 years later graduated with my BA with honors, because I am a SURVIVOR.

I found my voice and realized that my son and I deserve better, and I can do it all on my own, because I am a SURVIVOR.

I was able to meet a wonderful and loving man who has never hit me, and have three more wonderful children, because I am a SURVIVOR.

I can now advocate for other survivors of Domestic Violence and help show

them a path to Independence, self-love, and a Violence-FREE World, because I am now a Thriver.

9. 숨겨진 진실들 (Hidden Truths) by Balraj Kaur

"침묵된 진실은 고통을 연장한다. 하지만 이제 더는 숨겨지지 않는다."

순수에서 파멸까지

그녀는 인도 동부의 한 마을에서 태어나 자랐다. 정서적 방임과 통제, 그리고 어린 시절의 트라우마가 짙게 드리워진, 이미 금이 간 가정이었다. 그녀는 가정폭력을 목격하며, 또 가족의 거부와 무시를 견디며 성장했다. 그러면서도 학업에서 두각을 나타냈고, 결국 다국적 기업을 대상으로 HR 컨설팅 회사를 운영하며 사업가로 자리 잡았다. 그녀의 자랑은 딸이었다. 그러나 가족의 압박으로 인한 이혼은 결국 모녀를 갈라놓았다.

새로운 시작을 찾고자 그녀는 영국에 사는 남자, 개빈을 만났다. 그는 결혼과 정서적 안정을 약속했다. 그녀는 더 높은 학업과 두 사람의 관계를 공식화하기 위해 영국으로 이주했다. 하지만 도착한 지 몇 주 만에 개빈의 진짜 모습이 드러났다. 언어적 폭력과 감정적 모욕, 재정적 착취, 그리고 끝없는 통제가 이어졌다. 그 모든 혼란 속에서 그녀는 유방암 진단을 받았다.

그녀는 수술 전후에도 신체적 폭력과 굴욕을 견뎌야 했다. 개빈은 정서적·경제적 지원을 모두 끊었고, 결혼을 합법적으로 등록하는 것도 거부했으며, 사람들 앞에서 그녀를 모욕했다. 그리고 2020년 8월, 수술을 마친 뒤 가장 무력했던 그 순간에 그녀는 단 두 개의 가방만 들린채 집에서 쫓겨났다.

집도 없고, 외면 받고, 잊힌 존재

살기 위해 버텨야 했다. 그녀는 학대 가정과 임시 숙소를 전전하며 하루하루를 이어갔다.

그들은 그녀에게 요리를 시키고, 청소를 시키고, 아무런 대가 없이 돌봄 노동까지 강요했다. 그녀의 건강과 권리는 아무도 신경 쓰지 않았다. 그녀는 경찰에 신고했고, 지역 기관에 수없이 도움을 청했다. 그러나 돌아온 건 무관심과 책임 떠넘기기뿐이었다.

상충하는 이민 절차 때문에 그녀의 여권은 거의 2년 동안 보류되었고, 그 결과 그녀는 공적 지원이나 주거, 정식 취업에도 접근할 수 없는 채로 발이 묶이고 말았다. 영어도 유창했고, 전문 자격도 있었지만 결국 그녀가 할 수 있는 건 저임금 프리랜서 노동뿐이었다. 그 와중에도 모욕과 괴롭힘은 계속되었고, 아픈 몸은 치료조차 받지 못했다. 암 수술 후 회복이 필요했지만 병원은 절차를 무시했고, 정신건강 지원은 없었으며, 유방 재건 수술마저 거절되었다. 대신 돌아온 건 의심과 냉대뿐이었다. 심지어 디지털 감시와 통신 조작까지 의심되는 상황에 놓였다.

그때 그녀는 스스로에게 물었다. 나의 끝없는 고통으로 누가 이득을 보는가? 왜 무심한 제도는 침묵하고, 가해자들은 여전히 자유로운가?

강요, 사기, 그리고 계획된 함정

결국 그녀는 옛 지인 사타나가 약속한 일자리와 지원을 믿고 인도로 돌아가도록 강요당했다.

하지만 그다음엔 치밀한 속임수가 기다리고 있었다. 거짓으로 꾸며진 허위 일자리가 미끼였고, 공식 대사관 절차가 아닌 위조된, AI로 생성된 여권이 준비되어 그녀가 빠르게 결정을 내리도록 압박했다. 인도로 돌아온 순간, 모든 게 함정이었음이 드러났다. 외진 곳, 안전하지 않은 환경, 비위생적인 시설, 그리고 학대적인 권력 구조가 기다리고 있었다. 그 일터에는 기본적인 안전조차 없었다. 매니저는 성희롱을 일삼았고, 그녀가 거부하자 보복이 이어졌다.

그녀는 먼 지역으로 전근당했고, 심리적 위협과 협박을 견뎌야 했다. 그곳에서 그녀가 영국에서 벗어나려 했던 통제와 잔혹함을 그대로 다시 마주했다. 이제는 인도에서, 기업의 결탁과 사회적 조작이 더해진 더 교묘한 방식으로.

2020년 8월 15일 이후, 누군가 그녀 모르게 공식 기록에 자신을 그녀의 배우자로 등록했다. 그것은 그녀의 법적 지위를 제한하고, 그녀를 감시하며, 지속적인 학대와 위험에 노출시키기 위한 의도로 보였다. 그 이유는 여전히 분명하지 않다. 하지만 질문만 남았다. 그녀를 병들고 침묵하게 만들며, 의존적인 존재로 묶어두려는 것이었을까?

왜 그녀의 정체성은 조작되었고, 그 배후에는 누구의 손이 있었던가?

침묵 속의 갇힘   무너진 시스템

인도로 돌아온 지금, 그녀는 유효한 신분증조차 없다. 자유롭게 이동할 수도, 마음 놓고 일할 수도 없다. 경찰에 신고할 권리조차 거부당했고, 알 권리가 보장된 정보조차 가질 수 없었다. 몸은 이미 한계에 다다랐고, 정신은 서서히 무너졌으며, 남은 재산도 거의 바닥났다. 영국과 인도의 정부 기관, 경찰, 인권 단체까지 그 누구도 시급함도, 공정함도 보여주지 않았다. 여성을 지키겠다던 법은 아무 힘도 발휘하지 못했고, 가해자들은 침묵과 지위, 그리고 교묘한 조작 속에서 보호받았다.

"여성의 안전을 지키겠다는 수많은 약속과 공공의 주장들이 있었지만, 내게 일어난 일은 그 모든 말이 얼마나 허망한지 보여줄 뿐이었다. 이 시스템은 권력을 가진 사람만 지킬 뿐, 버림받은 사람에게는 오히려 더 큰 벌을 내린다."

이건 누구도 부정할 수 없는 진짜 이야기다. 2019년부터 2025년까지, 인도와 영국을 오가며 벌어진 모든 사건은 확실한 증거와 기록으로 남아 있다. 그녀는 수없이 신고했고, 그 모든 증거를 가지고 있다. 단지 이름만 바꿨을 뿐이다.

이건 한 사람의 회고록이자, 모두에게 보내는 경고이며 정의를 요구하는 목소리다.

한 여성에게 일어난 일이라면, 다른 누구에게도 일어날 수 있다. 이 이야기는 더 이상 묻혀서는 안 된다. 책임을 묻는 일은 지금부터 시작되어야 한다.

Hidden Truths by Balraj Kaur

"Truth silenced is pain prolonged. But this is no longer hidden."

From Innocence to Devastation

Born in eastern India, the author grew up amidst emotional neglect, control, and early trauma in a fractured family. Despite witnessing domestic violence and enduring personal rejection, she excelled academically and became a successful entrepreneur in HR consulting, serving multinational firms. Her daughter was her pride, though a divorce—driven by family pressure—separated them.

Seeking new beginnings, she met "Gavin," a UK-based man, who promised marriage and emotional security. She relocated to the UK for higher studies and to formalize their relationship. But within weeks of arrival, Gavin revealed a different face—verbally abusive, controlling, financially exploitative, and emotionally degrading—all while she was diagnosed with breast cancer.

She endured physical violence and humiliation, even during and after surgery. Gavin withheld emotional and financial support, refused to register their marriage legally, and degraded her in front of others. In August 2020, during a vulnerable post-operative phase, she was thrown out with just two bags.

Homeless, Unheard, and Forgotten

Struggling to survive, she was passed from one abusive household to another in the UK. Landlords demanded she cook, clean, and provide unpaid caregiving, ignoring her health and legal rights. Repeated complaints to police and community bodies were met with indifference or blame-shifting.

Her passport was held for nearly two years due to contradictory immigration processes, leaving her stranded without access to public funds, housing, or formal employment. Despite holding an English distinction and professional credentials, she was forced to live on underpaid freelance jobs, often bullied, humiliated, and denied accommodations for her medical treatment.

Healthcare institutions neglected their duty of care, ignoring cancer recovery protocols, failing to monitor her mental health, and refusing breast reconstruction surgery. Instead, she was treated with suspicion and indifference. The trauma extended to digital intrusion, suspected surveillance, and tampering with her communications.

She began to question: "Who benefits from my prolonged suffering? Why do official systems stay silent while abusers walk free?"

Coercion, Fraud, and Targeted Entrapment

Eventually, she was coerced into returning to India under the promise of a job and support by a former

acquaintance, "Satana." But what followed was a well-orchestrated deception. A fake job—completely misrepresented—became the bait. A forged, likely AI-generated passport was arranged outside official Indian embassy procedures, pressuring her to act quickly. Once back in India, the job turned out to be a trap: remote, unsafe, with unhygienic facilities and abusive power dynamics.

The work site lacked basic safety. Her manager sexually harassed her, then retaliated when she resisted.

She was transferred to a far-off location and subjected to psychological intimidation. It mirrored the control and cruelty she had escaped in the UK-only now in India, backed by corporate collusion and social manipulation.

After the separation on 15 August 2020, someone fraudulently entered themselves as her spouse in official

records without her knowledge, a move that appears designed to restrict her legal standing, monitor her, and

expose her to ongoing abuse and unsafe conditions.

The motive remains unclear-but disturbing: "Was the goal to keep her sick, voiceless, and dependent? Why was her identity manipulated, and by whom?"

Stranded in Silence - A Systemic Breakdown

Now back in India, she is stranded without valid identity documents, unable to travel or work freely, denied the right to file a police complaint, and refused access to critical information under the Right to Information Act. Her physical health is fragile, her mental health is eroded, and her finances are almost gone.

Government offices, law enforcement, and human rights institutions—both in the UK and India—have failed to respond with urgency or fairness. Laws meant to protect women have proven ineffective, while the abusers remain shielded by silence, position, or manipulation.

"Despite all the promises and public claims about women's safety, what happened to me proves the opposite. The systems protect those with power-and punish those they failed."

This is a TRUE STORY. Spanning from 2019 to 2025 across India and the UK, every incident is based on

verifiable facts. The author has filed numerous complaints and holds documentation. Only names have been changed to protect identities.

A Memoir. A Warning. A Demand for Justice.

If it could happen to one woman, it can happen to others. This story must be heard. Let accountability begin.

10. 고백을 품고 (Hold) by Katie Chalmers
[분위기: 억눌림, 두려움, 진실의 해방]

억눌러라, 해가 바뀌고, 해가 흘러 성공과 행복이 스쳐 지나가지만
어두움과 의심의 미세한 울림이
내 마음 깊은 곳에서 희미하게 흔들린다.
저 멀리 빛을 잃은 푸른 벽 같은 파도가,
독에 물든 기억처럼 거대한 괴물로 서서 해안을 향해 몰려온다.
가까워진다 천천히 그러나 틀림없이, 돌이킬 수 없는 길을 파내며
멈추지 않고 다가온다.
지금이 말할 때일까 하지만 나는 삼켜야 한다
이 말들은 고통스러운 진실로 쏘아올 벌떼 같아서.
진실이 내 삶을 풀어헤칠 것을 나는 안다.
나는 그 요구에 굴복한다 - 질식시키는 물이 내 안을 채우며
자유와 진실을 약속하지만, 어쩌면 그건 익사와 죽음일지도 모른다
마침내 그 파도를 마주할 날이 왔다.
나는 할 수 있다.
말들이 내 입을 떠나 내가 믿을 수 있는 사람에게 닿는다.
그리고 나는 자유다.

Hold by Katie Chalmers

Hold it in, years roll by with success and happiness, but a murmur of darkness and doubt is barely tangible in the depths of my mind.
In the distance, a wall of water, iridescent blue of poisoned memory, stands a tall monster washing towards the shore.
Closer, slowly but surely, it relentlessly powers in
carving a path of no return.
Now is the time to tell, but I must hold it in - the words are wasps threatening to sting with painful clarity.
My life unravelling with the truth, I must say.
I relent to the demand - its choking water filling me, a towering, crushing presence promising freedom and truth, but maybe drowning and death.
The day has come to face the wave.
I can do it.
The words leave my mouth and are safe with someone I trust.
I am free.

11. 갈망 (Longing) by Catherine Jayne Pugh

믿어지길 갈망하며,
이해받길 갈망하며,
아이들이 다시 살아 있는 모습을 보길 갈망하며,
꿈속의 그 남자를 만나길 갈망하며,
그토록 많은 갈망과 그토록 많은 시간이 기다림 속에 흘러가 버렸다.

참된 손길을 그리워하고,
깊이 있는 대화를 그리워하며,
이 삶의 고통스러운 장면이
언젠가 끝나기를 간절히 바란다.

누군가의 품에 안기고, 진정으로 사랑받고 싶다.
존재 자체로 소중히 여겨지거나,
혹은 내가 저지르지 않은
타인의 죄로 인해 부당하게 버려지거나…

Longing by Catherine Jayne Pugh

Longing to be believed,
Longing to be understood,
Longing to see your children alive again,
Longing to meet the man of your dreams,
So much longing and so much time have passed by in anticipation.

Longing for true human touch,
Longing for intelligent conversation,
Longing/hoping there will be an end
to whatever this episode in my life is.

To be held, to be truly loved.
To be treasured or to be left alone for
crimes against humanity others
have committed, not me …

12. 당신 손에 맡겨진 내 삶

(My Life in Your Hands) by Luisa Dimarco

나는 용기를 다해 당신을 찾았다. 그저 제 역할을 해달라며
하지만 당신의 무능은 나를 빼앗아 갔다
안전도, 존엄도, 피해자가 아닌 나의 이름까지도
끝없는 해악 속에서, 마치 내가 무가치한 존재인 양
내 삶의 기회는 찢겨 나갔다. 성취와 희망은 사라지고, 폭력적인
남자들의 욕망을 채우는 도구로 내 존재는 다시 규정되었다
삶의 안정, 가족의 품, 안전한 집
당신의 잘못 때문에 나는 그 모든 것을 잃어야 했다
당신은 배움과 자격으로 전문가라 불리지만
내 진실은 외면당했다. 왜?...너무 흉하다고 느꼈나?
당신이 맹세한 역할을 저버린 탓에
나는 사회의 가장자리에서만 숨쉴 수 있었다
모욕당하고, 인간성은 짓밟히고, 고립된 채로
내 말을 들어준 이들은, 또 다른 가해자들뿐이었다
위험의 고리는 멈추지 않고 돌고 돌았다. 당신에게는 멈출 힘이 있었는데도
결국, 당신이 제 역할을 저버린 탓에 고통은 더 깊어졌다. 나의 연약함은 악인들에게 신호등처럼 번쩍였다
그리고 현실은 이렇다. 내 진실은, 당신에게는 너무 광기처럼 보였을 뿐이었다.

제 역할을 못하겠다면, 제발 물러나 자신을 돌아보라
당신의 행동, 아니 무행동은 곧 생과 사의 문제다.
그게 당신을 조금도 불편하게 하지 않는다면, 이건 어떤가…
폭력의 가해자들은 범죄를 거듭할수록 더 대담해진다. 그들을 당신의 무관심으로 키우지 말고 철저히 막아라.

My Life in Your Hands by Luisa Dimarco

I was brave and turned to you to simply do your job
Your failings led to me being robbed
Of safety, dignity, and my identity away from victimhood
Directly because of a life of harm continued, like I were no good
My chances of life to achieve and succeed were stolen
and redefined as a role to fulfil violent men's needs
The stability in life, your family, and a safe home
Are something your failings have prevented me from experiencing,
Whilst you're an expert through education and study
My truth was not something you helped resolve, why… was it too ugly?
Your failings to diligently perform the role to which you committed
Meant the peripherals of society as the only place that I fitted
Degraded, dehumanised, and left isolated
The only ones that would listen were those who then perpetrated
The circle of danger continued and spiralled, when you had the power to make it stop
But in effect, your failure added to the harm, by failing me, my vulnerability was like a beacon to the bad
The reality being. My truth was judged by you, as too mad.
If you can't do your job, step back and reflect

Your actions (or lack of) are literally a matter of life of death.

If that doesn't bother you, maybe this will...

Perpetrators of violence confidence grows with each offence, and MUST be stopped with diligence rather than enabled with your indifference.

13. 괴물 따윈 없다 (No Monsters Here) by Anita Leonard

나는 홀로 서 있어
나는 강하게 서 있어
내 말을 들어봐
내 노래에 귀 기울여.

나는 어둠 속의 빛
겨울날의 희미한 빛
램프를 켜고
자, 이제 뭐라고 할래?
지옥과 고통 속에서
나는 걸어 나왔어
눈이 땅 위에 쌓였지
그래, 겨울이었어

경찰이 왔어
그들은 나를 데려갔지
이제 나는 자유야
다시 시작할 거야

나는 다 뒤로 했다고
사람들은 그렇게 말한다

그냥 묻어 두라고, 그들이 말했다
척스가 장난처럼 튀어나온다

그들은 사자 우리를 열어버렸어
많이 기억나지 않아, 내가 느낀 건 분노뿐이었어

삶은 여정이야
그냥 흘러갈 뿐
나는 이 부당함이 싫어
나는 아무 잘못도 하지 않았는데

우리가 괴물을 만들어냈어, 방 안이 놀란 눈빛으로 가득해
나는 태어난 게 아니야, 만들어진 거야
이 고문받은 영혼이 폭발하는 걸 봐

나는 내 뒤에 서 있었어
손에는 칼이 들려 있었지
엄마가 비명을 질렀어, "안 돼!"
넌 정말 이해하지 못해

오늘까지도 낙인찍히고 모욕당했지만
나는 다시, 또다시 맞서겠다
나는 매일 스스로를 놀라게 하는 생존자다

나는 홀로 서 있어
나는 강하게 서 있어
내 말을 들어봐
내 노래에 귀 기울여.

No Monsters Here by Anita Leonard

I stand alone

I stand strong

Listen to me

As I sing along.

I'm the light in the darkness

On a winter's day

I turn on the lamp

Now what do you say

In the hell and misery

I walk away

The snow lies on the ground

Well, it was a winter's

The police they came

They took me away

Now I'm free

Let's start again

I put it behind me

Or so they say

Just park it they said

Chucks come out to play

They let the lion out of its cage

Don't remember much, all I felt was rage

Life's a journey

It drifts along

I hate the injustice

I'd done nothing wrong

We've created a monster, shocked looks across the room

I wasn't born, I was created

Watch this tortured soul go boom

I stood behind me

A knife in my hand
My mum screams, "Don't do it"
You really don't understand

Named and shamed to this very day
I'd do it all again and again
I'm a survivor who amazes herself every day

I stand alone
I stand strong
Listen to me
As I sing along.

14. 이제 나는 다 자랐다

(Now I Am Grown) by Wendy Young

투명한 막처럼, 입맞춤을 봉인하듯,
검게 칠한 영화배우의 입술이
백 년의 침묵을 불어버린다…
이제 나는 자랐다
나는 당신의 세계를 무너뜨릴 수 있다
어린 시절 나는 당신의 장난감이었다
손에 집어 올려졌다가
다시 내려놓아졌다
손길에 의해,
말에 의해.
이제 나는 성장했다
나는 오래도록 침묵했다
이제 입을 열었다
당신은 무너질 것이다
내가 세월의 무게를 쏟아낼 때
눈물이 흘러내리도록 두어라
이번엔 나를 위한 눈물이 아니다
나는 수단을 물바다로 잠길 수도 있었을 것이다
이제는, 네 차례다.

Now I Am Grown by Wendy Young

Transparent as the film, sealing the kiss,

Of a movie star's black painted lips

Blowing a 100-year silence ...

Now I am Grown

I can ruin your world

I was your toy when I was young

Picked up

Put down

By hands

By words

Now I've grown up

I kept my mouth shut

Now it's open

You will be undone

When I unleash all the years

Let the tears begin

Not for me this time

I could have flooded Sudan

Now it's your turn.

15. 초록으로 물드는 사다리

(Painting the Ladders Green) by Anonymous

"괜찮아. 난 멀쩡해. 다 좋아. 응, 고마워."
사방을 살피며 얼굴들을 읽는다. 위협들. 닥쳐오는 불길한 기운.
"응, 이제 훨씬 나아졌어. 세상이 활짝 열려 있어. 난 자유야."
메스껍고, 잠 못 이루고, 숨조차 막히고, 지쳐 쓰러진다. 폭식에 기대어.
해야 할 일들. 산만해지기. 숨 고르기. 오디오북을 틀고 문을 초록으로 칠하기.
아, 그래, 휴식이네…
계단에 앉아, 사다리 위 깡통을 잡으려 몸을 뻗는다. 기울어진 깡통이 액체를 쏟아낸다.
공포. 전율. 숨을 삼키며 기다린다. 흘러 번지는 페인트를 지켜본다. 아무것도 없다… 나를 모욕하거나, 흉보거나, 벌줄 이가. 오직 나뿐. 눈물 사이로, 웃음이 터진다… 히스테릭하게. 나를 꾸짖을 이는 더 이상 없다!
다시 둘러본다. 위협도, 불길함도 없다. 오직 어질러진 나만 있을 뿐. 나는 선택할 수 있다. 힘이 내게 있다. 물웅덩이에 붓을 적셔 천천히 사다리를 초록으로 칠하기 시작한다.
나는 괜찮다. 곧 모든 것이 좋아질 것이다. 나는 자유다. 세상은 내 앞에 열리고 있다.

Painting the Ladders Green by Anonymous

"I'm ok. I'm fine. All good. Yeah, great, thanks."

Checking all around. Clocking the faces. The threats. Feeling of doom.

"Yes, so much better now, thanks. The whole world ahead. I'm free."

Feeling sick. Not sleeping. Not breathing. Exhausted. Binge eating.

Jobs to do. Distract. Breathe. Paint the door green with an audiobook.

Ah, yes, relaxing …

Sitting on the step. Overreaching up to grab the tin from the ladders. It tips cascading liquid.

Panic. Terror. Holding my breath. Waiting. Watching the paint spread.

Nothing … no one to humiliate, disapprove, punish. Just me.

Through the tears, laughter … hysterics. No one to tell me off!

Checking all around. No threat. No feeling of doom. Just me in my mess.

I have a choice. Empowerment. I dip the brush into the pathway puddle and slowly begin to paint the ladders green.

I am OK. I will be all good. I am free. The world opening ahead of me.

16. 환각에 잠겨 (Phetting) by Jacqueline Anderson

샹들리에처럼 매달린 이빨들
갈리고 갈리며
잇몸의 씩 웃음 속에서 위안을 찾는다
공포를 삼키며 맛보는
비틀거리는 입술의 오므림
녹아내리는 몸이 구르며
흐르는 의자 속으로 스며든다. 시리도록 차갑게
뒤엉킨 살덩이의 허우적임에서
탁하고 혼란스러운 진창이 피어오른다
그을린 균열 속에
불타는 잔여물이 바르고 퍼진다.
마치 마마이트처럼 달라붙는 그물
깜박이는 실명 속에
빠르게 굳어가는 의식 속에
솟구치는 말풍선들,
질주하는 비현실감의 소용돌이
부서진 비스킷 조각들
얄팍한 말더미의 굽이
의미인 척 가장하는 허튼소리
무리 지어 몰려들고
시간은 말하고

생각하고 또 말하는 시간으로 번져간다
그 시간은 질주하며
가루로 된 빵 사이에 끼워 삼키고
코끝을 타고 흐르는 파운드의 흡입으로 씻어낸다
아이스크림 장식처럼 흩날리는
확신과 뻔뻔한 오만
질주하는 무리들의 형제애
오만으로만 세상을 소유한다
서투르고 거드름 피우며
평범함의 고요.

***Phetting* by Jacqueline Anderson**

Chandeliers of teeth

Grinding and finding

Solace in grinning gums

Yumming the panicked

Pursing of tripping lips

And melting hips rolling

Into flowing stools. Cool

From floundering flesh

In a murky mess of

charred crevices burnt

On phet paste spreading

Like a marmite mesh

Of blinking blindness

And thinking fastness

Soaring speech bubbles

Of speeding surreality

Of broken biscuits. Bends

Of shallow said shite

Masquerading as meaning

When dealing in droves

And hours of speaking

And talking and thinking

Hours galloping in grams

Of paste butties downed

With pounds of sniff

Like an ice cream quiff

Of surety and arsy arrogance

Of the speeding fraternity

Owning all ego existence

Tactlessly, cockily culling

The quietness of normality.

17. 가득히 (Plenty) by Abigail Bobb-Semple

나는 중얼거렸지만, 당신은 다시 말해 달라 하지 않았다. 내가 결국
"아무것도 아니에요"라고 말했을 걸, 당신은 알고 있었다.
그러나 그 "아무것도 아님" 속에 얼마나 많은 말을 담고 있는지도,
당신은 알아차렸다.
그 순간 내가 할 수 있었던 건 그 표정 하나뿐임을.
소리는 없었지만, 우리 둘은 울려 퍼지는 소음을 느꼈다.
이것이 바로 깊고 고통스러운 이야기의 현실이었다.
침묵 속에서, 당신은 내 질문과 대답을 들은 듯했다.
말하지 않은 그 자리에, 죄책과 수치가 고스란히 보였다.
"내가 말하면 무슨 일이 일어날까?" 나는 속으로 되뇌었다.
말 없는 분노가 벽에 부딪혀 메아리치며 내 입술 위에 얹히는 걸,
나조차 알았다.
숨 들이쉬는 그 순간, 희미한 속삭임, 소리조차 없는 기척이 모든
걸 말했다.
당신은 그것이 귀를 찢을 만큼 컸음을 알아챘다. 아마 당신에게도
고통스러웠으리라.
그러나 당신의 부드러운 눈길은 이렇게 말하고 있었다,
"난 이해해요. 걱정하지 마세요, 기다릴게요."
어떤 것은 서두를 수 없다. 너무 먼 곳에서 오는 것들이니까.
두려움의 산을 넘어, 부정의 늪을 지나,
절망의 가시밭을 기어가, 이름조차 없는 다리를 건너며

아직 세상에 풀려나지 못한 이야기에는 이름이 없었다.

당신의 진심 어린 미소는 말했다, "적어도 당신은 여기 있어요. 당신은 안전해요. 앞으로 나아가고 있어요.

편히 있어요. 나는 당신의 침묵 속에서도 편안합니다. 기다릴게요. 시간을 가지세요."

고맙다는 말로는 다 담을 수 없습니다.

Plenty by Abigail Bobb-Semple

I mumbled, yet you did not ask me to repeat myself.
You knew that I would have said, "Nothing."
You knew, though in saying nothing, that I was saying plenty,
You perceived correctly,
That my expression was all I could possibly manage at that time
There was no sound, but we both sensed the reverberating din.
Here was the reality of the deep and painful story being told.
It was as though in the silence, you heard my questions and answers.
In my omission, you discerned the guilt and the shame.
"If I speak, what will happen?" I thought.
Even I knew the mute anger was bouncing off the walls and resting on my lips.
That intake of breath, the faint whisper, void of decibels, spoke volumes.
You recognised that it was deafening, it must have been hard for you too.
Yet your gentle eyes said, "I understand. Please don't worry, I will wait."
Some things cannot be hurried, especially when they're coming from such a distance.

Up and over the mountain of fear, trudging through the swamp of denial,

Crawling through the nettles of despair, shuffling across the bridge with no name

No name for the story yet to be released.

Your genuine smile said, "At least you are here. You are safe, you are moving forward.

Be at ease. I am at ease with your silence. I will wait. Take your time."

Now I can't thank you enough.

18. 붉은 깃발 (RED FLAGS) by Anonymous

나는 당신이 길러내고 싶었던 여린 소녀였다
그런데도 당신은 내 몸을 두고 조롱했다.
나는 우리의 아이를 품을 것이었고
결국 무거워질 배는 당신의 몫이었는데.
그때 나는 스물다섯
당신은 스물하나
당신은 내게 생기를 불어넣었고,
나는 춤추고 싶었다
그러나 당신이 폭탄의 전조였다는 걸 알지 못했다
그 의미를 깨달은 건 훨씬 뒤 2021년이었다.
그 시절의 과도한 애정은 러브밤이라 불렸지만 2015년에 이르러서야 범죄가 되었다
1985년에는 그 말조차 존재하지 않았다.
나는 1959년생, 당신은 1964년생
우리는 회사 복도 맞은편에서 마주쳤다.
나는 친절했고, 일에서도 성공하고 있었지만
당신은, 숨겨진 가해자
허울뿐인 말들로 가득한 사람.
나는 당신의 은밀한 조종을 알약처럼 삼켜버렸다.
그러나 그 안에 숨어 있던 건 악이었다,
나는 결코 보지 못했던 악,

수년이 지나서야, 진실이 드러났을 때
당신은 내게 악마가 되어 있었다.
그때는, 이미 늦어 있었다.
나는 아이들과 함께 덫에 걸려 있었고.
은밀한 강압과 통제, 2015년에야 영국에서 규정된 범죄, 그것이 내 삶의 덫이었다.
나는 몰랐다
당신은 내 영혼의 반려자인 척 했던 양의 탈을 쓴 늑대라는 걸.
영혼의 반려라니, 아니었다,
당신은 결코 그런 존재가 아니었다,
그저 숨어 있는 가해자
숨은 착취자일 뿐
반려자는 아니었다
그저 사기꾼인, 너
당신은 처음 만난 순간부터
나를 이용하려 했다
부끄러움은 내 몫이 아닌 당신의 몫
당신은 차라리 갇혀 있어야 한다
붉은 깃발은 처음부터 있었지만
나는 그것을 보지 못했다
배움이 있어야만 보이는 것들이 있다
그렇지 않으면 언제나 보이지 않는다
피해자가 깨닫기까지는 긴 시간이 걸린다.

가해자의 조종은 늘 우리를 얽매고 있었으니까
은밀한 가해자는 언제나 가장 빛나는 이를 노린다,
그의 붉은 깃발을 감추는 일쯤은 시험도 아니다.
조종과 애정 폭탄, 그 밖의 숱한 수법들,
아무도 그의 추악함을 보지 못할 때는 오직 "가짜 최선"만 드러난다.
나는 이미 아홉 해 동안 성인의 세계를 살아왔다.
그러나 당신은 조종했다
내 세상이 온통 당신이 되도록
당신은 나를 원했고
내가 가진 것을, 끝내 다 빼앗아 가려 했다.
내 친구와 가족은 쓰이고 버려졌다.
당신의 추악한 세계에 맞게
당신은 대학 졸업장 하나 없었지만.
나는 집과 일, 사업과 땅. 성공의 증표를 지니고 있었다.
너처럼 늘 빌붙는 자와는 달랐다.
만약 당신이 평생의 착취자이자 가해자가 될 거라는 걸 알았더라면
당신은 은밀히 족쇄를 씌웠다
존재해야 할 것은 오직 하나
테일러 스위프트가 노래한 우정의 팔찌뿐
붉은 깃발은 처음부터 있었지만
나는 그것을 보지 못했다
배움이 있어야만 보이는 것들이 있다
그렇지 않으면 언제나 보이지 않는다

피해자가 깨닫기까지는 긴 시간이 걸린다.
가해자의 조종은 늘 우리를 얽매고 있었으니까
푸른 눈을 가진 당신,
가면을 써도 잘나 보이지는 않았다.
우린 잘 통한다고 나는 믿었지만,
진실은, 나는 쓰러지고 있었다.
당신의 거짓과 조종에 휘둘려.
내가 사랑하고 지켜준 건, 결국 죽어버릴 가면뿐이었다.
이제는 안다 "좋은사람인척 한 당신"은 결코 실재하지 않았음을
그리고 학대당한 우리 모두는 끔찍한 결말을 맞게 된다는 것을.
가해자는 연인인 척하기를 사랑하지만,
그것은 결코 진짜가 아니다.
붉은 깃발은 처음부터 있었지만
나는 그것을 보지 못했다
배움이 있어야만 보이는 것들이 있다
그렇지 않으면 언제나 보이지 않는다
피해자가 깨닫기까지는 긴 시간이 걸린다.
가해자의 조종은 늘 우리를 얽매고 있었으니까
이 이야기는 아직 끝나지 않았다.

RED FLAGS by Anonymous

I was the slim girl you would groom to be your honey

How dare you say I had a fat bum and tummy.

I'd have our children

you get the fat tummy.

I was twenty-five

you were twenty-one

You made me feel alive

I wanted to dance and jive

I didn't know you were dropping a bomb

I'd understand by twenty twenty one

Lovebombing then, but it wouldn't be criminalised until two zero one five

Not even heard of in 1985.

I was from 1959, you from 1964

We met across the work corridor at the office door.

I was kind and successful

But you, a hidden abuser

full of bull.

I swallowed your covert manipulation like a pill

but hidden was your Evil,

Evil, I could never see

until years later, on reveal

You'd be the devil to me.

By then, it was too late

I was trapped with children with my mate.

Covert coercive control, an offence in twenty fifteen UK, that was my illegal fate.

I didn't know you were a

Wolf in sheep's clothing pretending to be my soulmate.

A soulmate, no,

you never were so,

just a covert abuser

A hidden user

no soulmate

Just a con artist, mate

You wanted to use me

from the very first date

Shame on you, not me

You should be in a crate

Red flags, they were there when we met

I just never saw them see

Only with education would that be

Without education always invisible to you and me

It takes victims a long time to see.

As the abuser's manipulation is always controlling you and me

The covert abuser always grooms the best,

Hiding his red flags is no test.

Manipulation/Lovebombing and the rest,

easy when no one sees his nastiness, only the "pretend best"

I was 9 years experienced in the adult world.

You'd manipulate

so you would be my world

You wanted me

and everything you could eventually take from me.

My friends and family used up or hurled.

Whichever suited your nasty world

Unlike you, I didn't have a uni badge.

Yet I was more successful with a home, career, business, and land. I

had a success badge

Not like you on the cadge

if only I'd known you were going to be a long-term user/abuser

You covertly inflicted restrictive bands

The only ones that should exist

Are friendship bracelets per Taylor Swift

Red flags, they were there when we met

I just never saw them see

Only with education would that be

Without education always invisible to you and me

It takes victims a long time to see.

As the abuser's manipulation is always controlling you and me

You of blue eyes

not even handsome in disguise

I thought we just gelled,

truth be known, I was felled

by your manipulation and lies

I loved and cared for a pretend mask that subsequently died

I now know the "pretend good you" wasn't real

And all of us abused end up with a really bad deal.

The abuser loves pretending to be a lover

and that is never real.

Red flags, they were there when we met

I just never saw them see

Only with education would that be

Without education always invisible to you and me

It takes victims a long time to see.

As the abuser's manipulation is always controlling you and me

This piece is to be continued.

19. 깊게 숨 쉬며 되돌아보다

(Reflecting Back with a Deep Breath) by Jenny Watts

나는 늘 당신의 숨결을 확인하기 위해 가슴 위나 등 위에 손을 얹지 않으면 잠들 수 없었어. 당신이 조금만 움직여도, 코를 훌쩍여도, 불규칙한 숨을 쉬어도 곧장 깨어나 당신이 괜찮은지 살폈어. 밤새도록 당신의 소중한 숨결을 지켜보다가, 우리가 깨어나는 시간이 되면 나는 감각과 느낌에서 시선으로 옮겨, 당신을 바라보았지. 당신이 움직이는 걸 보고, 말하는 걸 보고, 당신이 마치 제단 위에서 날아오르듯 솟아오르는 걸 지켜보았어.

당신이 움직이면 나도 움직였고, 당신이 말하면 나는 따랐고, 당신이 숨 쉬면 나도 숨을 쉬었어.

얼마나 기이한 일인가 내가 온 존재를 다해 지켜내고 바라보던 바로 그 숨결이. 치명적인 어느 밤, 당신의 손에 의해 내게서 빼앗기다니. 광기의 한순간, 그것은 끊어지고 도둑맞았으며, 내 폐는 예전처럼 숨 쉬지 못한다…

이제 나는 더 깊이 숨을 쉬어, 다른 이에게 눈을 돌리기 전에, 내 안의 움직임과 생명의 증언에 먼저 닿으며. 언젠가 다시 누군가 곁에서 안심하고 자유롭게 평온히 잠들 날을 기다리며 감사하는 마음과 희망의 꿈으로 숨을 쉬어. 그때는 감시도 관찰도 아닌, 고요히 하나로 어우러진 숨결, 균형을 이루는 호흡. 그 공기를 함께 나누는 순간 속에서 살아가며 각자의 숨을 책임지는 서로 다른 생명들..

이제 나는 그에게 진심으로 감사한다, 다시 태어남의 경험을 준

것에 대하여, 그때 나는 비로소 완전히 자유로워졌다, 나는 이제 어떤 남자도 두렵지 않고, 어떤 악도 두렵지 않다…나는 그저 숨 쉴 뿐이다!

Reflecting Back with a Deep Breath by Jenny Watts

I used to never be able to fall asleep without my hand on your chest or your back to monitor your breathing. I would wake at the slightest movement you made, a snuffle, an unsyncopated breath, all to ensure you were okay. All throughout the night monitoring that precious life source of yours, till our waking hours, where I would then transfer from feeling & sensing to watching. Watching you move, watching you speak, watching you soar from the pedestal you were on. You move, I move, you say I do, you breathe, I breathe.

How strange that the exact same element in which I had protected & observed with all my being in you. Was the exact same thing in one lethal night, in your own hands, you had taken from me. In a moment of madness, it was taken, stolen & my lungs have never breathed the same since …

I now breathe deeper, connecting with the movements & affirmation of my own life source before looking externally to others. I breathe with a grateful heart & hopeful dreams, till one day I again feel safe & free enough to lie next to another in restful sleep. Not monitoring or observing, but breathing in peaceful unison, balanced & in sync. Separate life sources responsible for their own breath, living within moments in which that air is shared.

I now truly thank him for that experience of rebirth, as that is when I became completely free, I now fear no man, I fear no evil ... I just breathe!

20. 나를 다시 기억하며

(Remembering Who I Am) by Ashley Gray

내가 나를 어디에 숨겼는지 정말 잊어버렸던 걸까?
그가 나를 깎아내리고, 비난하고, 소리치고, 판단할 때마다
내가 보잘것없고, 어리석고, 가치 없고, 늘 싸워야만 하는 삶에 지쳐 있을 때
하루 끝마다 스스로에게 묻곤 했어, 이게 정말 내가 선택한 삶이 맞는가?
두렵고, 확신 없고, 이번엔 정말 용기 내어 떠날 수 있을까?
그러다 의심이 스며들지 넌 사랑받지 못해, 못생겼고, 뚱뚱하고…
그 말들이 그의 입에서 나왔다는 걸 알아, 그런데도 자꾸만 그 말들이 내 머릿속에서 끊임없이 흐르는 물소리처럼 맴돌아
가스라이팅, 통제, 아무리 해도 충분하지 않은 느낌, 그 모든 걸 견디며 살아왔지
그리고, 모든 게 절대 나아지지 않을 것 같을 때…
하지만 만약? 내 생각을 스친다, 만약에, 모든 게 달라질 수 있다면? 만약, 문제는 너가 아니라 그였다면?
문득 깨달아, 그가 나를 망가뜨리려 했던 건 그 자신이 의심과 불안으로 가득했기 때문이라는 걸, 나를 끌어내려 자기 수준에 맞추기 위해서였단 걸
그래서 나는 날개를 펴기로 해 잿더미 속에서 다시 일어나는 불사조처럼

이 학대를 끝내고, 나는 걸어 나온다, 나는 행복하다, 내 힘을 되찾는다, 나는 나를 기억해내고, 그녀를 해방시킨다.

Remembering Who I Am by Ashley Gray

Did I forget where I had hidden the real me?

Only when he was belittling, criticising, shouting, and judging me

Maybe when I felt insignificant, stupid, unworthy, and exhausted of always fighting

Ending every day emotional, wondering is this really the life that I have chosen for myself?

Scared, unsure, will I be brave enough to finally leave?

Then the doubts creep in, no one will love you, you're ugly, fat …

I know they came from him, can't help it, but now I have them running through my head like a constant stream of water

Coping with the gaslighting, the control, the never feeling good enough

And just when I think it will never get better…

But what if? appears in my thoughts, what if things could be different, what if he is the problem, not you?

Understanding, a sudden realisation that he tried to destroy me because of his own self-doubts, insecurities, and needing to bring me down to his level

So I am going to soar instead like the Phoenix rising from the ashes

Ending this abuse, I walk away, I am happy, and I take back my power, I remember who I am, and I free her.

21. 부정 속의 삶 (Living in Denial) by Jane Phipps

부디 내 곁에 앉아 있어줘
이해하려 애써줘…
내가 직접 겪은 일들 때문에
아찔하게 어지러워…
속은 두려움으로 가득하고
감정은 무뎌졌어…
가슴은 무겁고
내 삶이 다 무너져 버렸어…
웃기 힘들어
나는 부정 속에 갇혀 있고…
좁은 틈에 깔려
맞닥뜨려야 할 감정들이 있어…
스트레스가 내 마음을 흐리네
내 눈에 그게 드러나고…
이제 기운이 빠져
놀랄 일도 아니야…
울 에너지도 없고
할 말도 없어…
그 말들 오늘만은
나를 떠나 버렸어…
고개를 들 수 없어

말하고 싶지도 않아…
벅참과
슬픔이 뒤섞여 있어…
얼굴이 집어삼켜진 듯
뼛속까지 무감각하고…
걱정에 지쳐
나는 이곳에 홀로 앉아 있어…
가슴이 무너져 멍하고
눈가가 따갑네…
누군가 날 믿어줄까
그들의 거짓을 꿰뚫어볼까…

Living in Denial by Jane Phipps

Please sit with me
try to understand …
I feel dizzy from things
I've experienced firsthand…

Scared inside
feelings are numb …
heart is heavy
my life's come undone …

Hard to smile
I'm locked in denial …
crushed in a space
with feelings to face …

Stress clouds my mind
it shows in my eyes …
feeling drained now
that's no surprise …

Need energy to cry

for words to say …
but they have left me
just for today …

Can't lift my head
don't want to speak …
feeling overwhelm
mixed with grief …

Face feels sucked in
numb to my bones …
worn out with worry
I'm sat here alone …

Heartbroken, I'm mindless
tears sting my eyes …
will someone believe me
and see through their lies …

22. 작고 보이지 않게 (Small and Invisible) by Fiona Jayne

내가 네 살이었을 때, 지금도 트라우마처럼 번쩍이며 되살아나는 첫 기억을 목격했어.

부엌문이 반쯤 열려 있었고, 그 사이로 아빠가 엄마를 발로 차는 걸 보고 있었지.
엄마는 바닥에 쓰러져 있었고, 정신을 잃었거나 잃은 척을 하고 있었어. 아빠는 얼굴이 벌겋게 달아올라 소리쳤어. "네가 기절한 척 하는 거 다 알아!" 그 순간, 나는 알았어. 작디작은 몸이었지만, 조용히, 완전히 보이지 않는 존재로 있어야 한다는 걸, 그렇지 않으면 다음은 내가 될 테니까.

나는 돌아서서 계단 밑을 가린 천 뒤에 몸을 숨겼어. 그런데 갑자기, 뒤에서 거칠게 붙잡혔어. 아빠의 거대한 손이 나를 꽉 짓눌렀지. 아빠는 나를 헝겊인형처럼 거칠게 흔들었어. 나는 무서웠지만, 그 어린 나이에도 알았지. 소리를 내면 더 나쁜 일이 닥칠 거라는 걸. 그래서 나는 내 손을 세게 깨물었어, 수십 년 뒤, 이 기억의 후반부가 밀려왔던 EMDR 치료 때와 똑같이. 그 공포, 고통, 그리고 아빠 입에서 풍기던 담배 냄새가 다시 느껴져.

이 기억은 과거에만 속하지 않아; 그것은 내 유년기의 본질이며, 아직도 내 몸과 마음속에 살아 있는 존재야. 왜 내가 항상 작고, 조용하고, 보이지 않으려 애썼는지를 이 기억이 설명해 주지.

이제 이 기억은 내 몸과 마음을 계속해서 맴도는 플래시백이 되었어. 기억의 후반부가 떠오른 이후로는 EMDR을 계속할 수 없었어. 그건 너무 강렬했고, 나를 심하게 흔들었어. 하지만 나는 결심했어. 더 이상 작고, 조용하고, 보이지 않게 살지 않겠다고. 이제 나는 서 있어, 내가 살아낸 고통의 목소리로 아직 너무 작거나 너무 두려워서 자기 목소리를 찾지 못한 이들을 대신하여.

Small and Invisible by Fiona Jayne

I was four years old when I witnessed my first memory, one that still plays out as a trauma flashback.

I was peering through the partly opened kitchen door, watching as my father kicked my mother. She was either unconscious or pretending to be unconscious on the floor. His face was red with rage as he shouted down at her, "I know you're pretending!" In that moment, I knew, small as I was, that I had to stay absolutely quiet and invisible or I would be next.

I turned around and hid behind the fabric curtain covering the space under the stairs. But suddenly, I was roughly grabbed from behind. My father's huge hand clamped down on me. He proceeded to shake me like a rag doll. I was terrified, but I knew even in that moment, at that tender age, that I had to stay quiet or his treatment of me would be worse. So, I bit down hard on my hand, the same way I did decades later during EMDR therapy when the second half of this memory came flooding back. I felt again the fear, the pain, and the smell of cigarettes on his breath.

This memory doesn't just belong to the past; it is the essence of my childhood that still lives in my mind and body. It explains why I have always tried to stay small, invisible, quiet, and compliant in order to feel safe.

Now, this memory loops through my mind and body as a flashback. I couldn't continue EMDR after the second half of this memory resurfaced, it was far too intense and destabilising. But I am determined now not to remain small, quiet, and invisible. I stand now as a voice of lived experience for others, either too small or too afraid to find and use their own voices.

23. 태양을 따라 걷는 발걸음

(Steps Around the Sun) by Jamie Miller

침묵이 무겁게 내려앉은 집,
그림자들이 벽을 꿰매고,
문 옆에는 삐딱하게 매달린 인형 하나,
아무도 꺼내지 못한 비밀을 지키고 있었다.
인형 뒤에는 틈 하나,
진실의 숨결, 찢어진 이음매,
주먹이 흔적을 남겼던 자리,
비명이 묻힌 그 침묵의 무덤.
호기심의 손, 아이의 손길이
세상이 외면한 틈새를 찾아냈다.
그 틈을 지나 어둠 속으로,
문을 넘어선 경계 너머로.
터널은 꼬이고, 두려움으로 가득했으며,
고통과 거짓으로 태어난 괴물들이 있었다:
잔인한 의심을 속삭이는 뱀,
눈에 굶주림을 품은 늑대.
심장이 북처럼 두드려진 엄마는
떨리는 손으로 아이를 붙잡았다:
"우린 같이 걸어갈거야," 그녀가 속삭였다,
무거운 유령 같은 땅을 함께 지나며.

폭풍이 일었다. 과거는 무너져 내렸다.
그래도 손을 맞잡고, 그들은 물결을 견뎠다,
희미하지만, 분명한 한 줄기 빛에 이끌려
희망과 사랑을 내쉬는 작은 오두막집.
아메야는 두 팔을 벌린 채 서 있었다,
빛과 불꽃으로 빚어진 여인,
휴식과 지도, 등불을 건네며
속삭였다, "당신 잘못이 아니에요."
그들은 배웠다, 다시 그네 타는 법을, 다시 웃는 법을,
깊게 뿌리내린 나무 아래에서,
담대한 색으로 하늘을 칠하는 법을,
간절히 붙잡고 싶던 꿈을 뿌리는 법을.
마침내, 그들은 황금빛 다리에 다다랐다,
아침 햇살의 온기가 눈물로 얼룩진 피부를 어루만지는 그곳에서,
그 다리 위에,
그들은 짊어지고 왔던 모든 무게를 내려놓았다.
손을 맞잡고, 그들은 다리를 건넜다,
터널은 이제 흘러간 기억일 뿐
잃어버린 것의 이야기가 아니라,
떠오르는 태양을 향한 발걸음의 이야기.

Steps Around the Sun by Jamie Miller

In a house heavy with silence,
where shadows stitched the walls,
a doll hung crooked by the door,
guarding secrets no one dared recall.

Behind the doll, a hidden hole,
a breath of truth, a rip, a seam,
where fists once left their fingerprints,
and silence buried every scream.

A curious hand, a child's touch,
found the crack the world ignored,
and through the wall, into the dark,
she crossed the threshold through the door.

The tunnel twisted, thick with fear,
with creatures born of pain and lies:
a serpent whispering cruel doubts,
a wolf with hunger in its eyes.

The mother, heart a battered drum,

reached out with trembling, steady hand:
"We'll walk this together," she whispered,
through the heavy, haunted land.

Storms rose. The past came crashing down.
Still, hand in hand, they braved the flood,
drawn by a flicker, faint but real—
a cottage breathing hope and love.

Ameya stood with open arms,
a woman shaped from light and flame,
offering rest, a map, a lamp,
and whispered, "You are not to blame."

They learned to swing, to laugh again,
beneath a tree whose roots ran deep,
to paint the sky with colors bold,
to sow the dreams they longed to keep.

At last, they reached the Golden Bridge,
where morning's warmth kissed tear-streaked skin,
and on that bridge, they left behind
the weight of all they'd carried in.

Hand in hand, they crossed the span,

the tunnel just a memory spun—

a story not of what was lost,

but steps toward the rising sun.

24. 생존은 끝이 아니다, 그 이후의 삶이다

(Survival Isn't the End, It's the Living Afterward) by Anonymous

내가 네 살 때 부모님이 이혼했다. 엄마는 너무도 연약했다.

여섯 살 때, 독감 때문에 속이 울렁거려 부엌에서 계부의 슬리퍼에 토를 했다. 디스프롤 때문이었다. 그는 가장 큰 셰프칼을 집어 들고 내 얼굴 앞에 들이댔다. 나는 거실을 달려 남동생을 지나 계단을 올라 엄마의 침실로 숨었다. 우리는 조용히 앉아 있었고, 그는 칼을 휘두르며 임신한 엄마의 배를 겨누었고 배를 가르고 아기를 꺼내버리겠다고 했다.

다른 날, 엄마는 배를 맞았다. 심한 시각장애가 있던 엄마는 몇 달 된 유산된 아기를 변기에서 꺼내 달라고 했다. 나는 용기를 내어 그 작은 생명을 꺼냈고 어두운 붉은빛 속,
작고 형체를 이룬 아기를 아직도 잊지 못한다.

우리는 근처 카페에 숨어 그가 차로 지나가길 기다렸다가 아빠 집으로 도망치곤 했다. 하지만 창틀 밑에 몸을 숨겨도 식탁 위 접시를 보고 그는 멀리서도 우리를 찾아냈다.

엄마는 아들을 낳았다. 며칠 된 아기가 울자 계부는 뺨을 때렸다. 한 달된 아이를 잡고 마구 흔들었다. 그리고 나를 향해 들이댔던

칼을 엄마 얼굴 옆 벽에 꽂았다. 엄마는 아기를 안고 이 행패가 끝나기를 기다리며 떨고 있었다. 사회복지사는 벽의 구멍을 보고 떠나라고 했지만 엄마는 떠날 수 없었다.

황량한 경찰서를 지나 한밤중 비 내리는 공원에 앉아 있었다. 한 달 된 아기를 유모차에 태우고 남매 둘과 함께 그가 술에 취해 잠들 때까지 기다렸다. 공중전화로 연결한 경찰은 말했다. 그냥 말다툼일 뿐이니 그가 술이 깨면 집에 가서 해결하라고.

말벌이 내 곁을 날면 내가 겁을 먹는다는 이유로 그는 사람들 앞에서 뺨을 때렸다. 누군가 말리려 했지만 그는 더 거칠게 위협해 모두 물러서게 했다. 내가 바나나가 싫다고 하거나 여동생에게 장난을 쳤다는 이유로도 그는 뺨을 때렸다.

그의 상습 수법은 눈을 부릅뜨고 뺨을 세게 치는 것이었다. 수십 년 뒤 그는 말했다. 너를 울리지 못해서 더 세게 때렸다고, 하지만 나는 울지 않았다.

우리가 그와 함께 산 시간은 3년, 그러나 남동생이 열 살이 되던 해 그는 다시 나타났다.

나는 결국 엄마에게도 정서적인 학대를 받았다. 엄마가 새 연인을 만났을 때 엄마는 열여섯 살인 나를 집에서 쫓아냈다. 나는 나를 길들였던 남자친구 집에 살게 되었다. 그는 자신의 부모님과 함께 사는 집에서 나를 학대하고 구타하며 폭력을 휘둘렀다. 위층에서 아기가 울고 있었고 나는 소파에 눌린 채 배 속 아기와 함께 죽어가는 기분이었다. 그 유산은 너무 고통스러웠다. 나는 지금도 그 장면이 떠올려진다. 나머지는 막아야 했다.

이번에는 용기를 내어 싸우기로 했다. 형사들은 훌륭했지만 기소청은 나를 실망시켰다. 피해자인 내가 오히려 비난 받았다. 사건이 기각되기 일주일 전 아빠가 세상을 떠났다.

나는 놀라운 남편을 만나 학대의 굴레를 끊었고, 세 아이와 함께 완벽하고 안전하며 사랑이 가득한 가정을 꾸렸다. 하지만 나는 마음이 놓이지 않아, 전 남편이 우리를 찾아낼까 늘 불안해 정착하지 못하고 계속 이사를 다녀야 했다.

나는 복합 외상후 스트레스 장애를 안고 있으면서도 아이들을 지키기 위해 영유아 교사가 되었고, 이어 가정폭력 피해자들을 돕기 위해 경찰관이 되었다. 하지만 기소청이 증거 부족을 이유로 가해자들을 기소하지 못할 때마다, 나는 피해자들을 번번이 지켜내지 못한 것 같아 마음이 무거웠다. 지금 나는 가정폭력 피해자 지원 전문가로 일하며, 가능한 모든 힘을 다해 안전 계획을 세우고, 여러 기관과 협력하며, 여성과 아이들이 상처를 입는 관계에서 벗어날 수 있도록 돕고 있다. 그들이 여전히 학대를 부정하거나, 축소

하거나, 자신을 탓하는 말을 할 때도 있지만, 나는 결코 그들을 포기하지 않을 것이다.

슬프게도, 그건 결코 충분하지 않을 거야. 내 삶의 대부분은 트라우마였고, 비록 지금은 육체적으로는 자유롭다 해도 오늘의 나를 만들었지만, 여전히 나를 따라다니는 그 과거를 나는 결코 떨쳐낼 수 없다.

나의 엄마는 지금도 혼자이고 취약하다. 자립하지 못하고 의존적인 채 여전히 자신의 트라우마에 갇혀 있다.

생존은 끝이 아니다 진짜는 그 후의 삶이다.
정의는 없다.

Survival Isn't the End, It's the Living Afterward by Anonymous

My mum and dad divorced when I was 4, and my mum was very vulnerable.

I was 6 years old when I was sick on my stepdad's slippers in the kitchen. It was Disprol, and I had the flu, so it made me gag. He grabbed the biggest chef's knife and held it to my face. I ran away with him chasing me through the living room, past my brother, and up the stairs into my mum's bedroom. We both sat there silently whilst he waved the knife at us and aimed it at my mum's pregnant belly, saying he would cut the baby out.

Another time, my mum was punched in the stomach, and as she had a severe visual impairment, she asked me to get the few-month-old miscarried dead baby out of the toilet and tell her what she already knew. I had to be brave for her and still see the dark red formed tiny baby in the toilet water.

We would hide in a nearby cafe and wait for him to drive past so we could escape to my dad's. He would always find us miles away, despite us hiding under the windowsill, as he would see plates on the floor we had just been eating from.

My mum had a baby boy, and when he was a few days old, my stepdad slapped him across the face as he was crying. He shook him when he was a month old. And he plunged the same knife he chased me with into the wall next to her face, as my mum gripped onto my baby brother, waiting for it to end. Social services saw the holes in the wall and told my mum to leave, but she couldn't.

Walking past the deserted police station before sitting in the park in the pitch black of night in the rain with my month-old baby brother in the pram and my two other siblings waiting for him to pass out at home from alcohol so we could return. Police on the phone box would tell my mum it's just an argument, wait till he's sober, then go home and fix it.

He would slap me in public when I got scared as a wasp flew near me. Sometimes people would intervene, but he just scared them away with aggression. He would slap me if I didn't like bananas in my Ready Brek or if I played a prank on my little sister.

His usual tactic was big, wide eyes and a hard slap across the face. He gloated decades later that he could never make me cry and did it more in the hope I'd crack, but I never did.

We only lived with him for 3 years, but he appeared as my brother turned 10.

I ended up being emotionally abused by my mum despite her new relationship and she forced me to leave home at 16 only to find myself living with the boyfriend who groomed me and continued to abuse me under his parents roof, raping me and forcing ice filled condoms inside me. My next relationship was violent and coercive with numerous rapes. The final rape I had to choose between my baby upstairs crying in her cot and my unborn baby as he forced me onto the sofa and raped me. I just lay there and felt my unborn baby die with me. The miscarriage was hard, and I still get flashbacks from it. I blocked most of it out.

This time, I had the courage to fight. The detectives were incredible, but CPS let me down, and I felt victim-blamed. My dad died a week before the case was dropped.

I met an amazing husband who broke the cycle of abuse and created our perfect, safe, and loving home with our 3 children. But we moved regularly as I couldn't settle, worrying my ex would find us.

Despite my complex PTSD, I became an early years teacher to safeguard children and then joined the police force as a police officer to help victims of domestic abuse. I feel I let them down time and time again as the CPS failed to charge the perps with a lack of evidence. I am now an IDVA and do everything in my power to put safety planning in place, liaise with multiagencies and help empower the women and children to leave the toxic relationships. I hear them in denial, minimising the abuse and blaming themselves, but I won't give up on them.

Sadly, it'll never be enough. Most of my life has been trauma, but although im physically free, I will never shake the haunting past that helps me today.

My mum is still alone and very vulnerable, being dependent and trapped in her trauma.

Survival isn't the end - it's the living afterwards.

There is no justice.

25. 그 눈빛 (That Look) by Abigail Bobb-Semple

그들이 문을 들어서는 순간, 눈빛 하나가,
말해 준다. "그래, 오늘 밤도 또 그런 밤이겠지."
내 속에서 매듭진 덩어리가 꿈틀거리며
온몸을 휘감기 시작한다.
제어할 수 없는 열차가 달려드는 순간
누가 알까 이게 언제 멈출지, 멈추기나 할지?
증기를 다 태우고, 결국은 비틀거리며 멈춰 서고,
나는 그 연기 자욱하고, 쓰디쓴 충돌의 잔해 속에 남겨진다.
"이게 끝날 날이 있을까?" 어둠 속에서 묻는다. "아니," 내가 대답한다
동반자인 절망이 두 팔로 나를 휘감고,
우리는 함께 새벽을 기다린다.
참으로 선명한 한 장의 장면.
그러다 어느 날, 나도 부러지듯, 그들에게 눈길을 날렸다,
"이제 그만. 더 이상 나를 그렇게 만들 수 없어.
나를 우물쭈물하게 만들고 요정들과 함께 사라지게 할 수는 없어.
다시는.
나는 여기에 있어. 지금 이 순간에 있어. 강해졌어, 내 밤은 나의 것,
내 만남도, 내 방식의 여정도, 내가 가고자 하는 그곳까지도
내가 선택해서 간다… 아마도."
또 다른 시간, 또 다른 장소, 또 다른 눈빛, 아니, 이렇게 말해야 할까,

"응시"?

나를 불러내는 곳, 속임수도, 열차도, 매듭도 없는 안전한 자리로.

누가 상상이나 했을까? 결코 실패없고 떠나지 않는, 진짜 "사랑"의 정의를

그 눈을 바라보는 순간, 나는 치유의 여정으로 이끌린다,

온전함과, 담대함으로, 그리고 내가 누구인지 한 장면 이상의 의미로

진짜 나로서.

그늘진 날조차, 달콤한 모험이라니.

"이게 끝날까?" 빛 속에서 묻는다. "아니," 되돌아오는 답.

따뜻한 비단에 감싸여, 평생을 위로받는다.

이제 나는 앉아 미소 짓는다 내 동반자와 함께 … 통찰.

That Look by Abigail Bobb-Semple

As they walk through the door, just one look in their eyes,

Tells me, "Yes, it's going to be one of those nights."

The knot in my tummy starts heaving and weaving its way

Through my system.

The runaway train in action.

Who knows if or when it will stop?

It runs out of steam and eventually grinds to a halt,

And I am left in the wake of that smoky, bitter encounter.

"Will this ever end?" I ask myself in the dark. "No," I reply

As my companion Despair wraps his arms around me,

And together we wait for the dawn.

What a snapshot.

Then one day, I snapped, and shot them a glance which said,

"No more. You can't make me do that anymore.

You can't make me squirm and disappear with the elves

Ever again.

I'm here. I'm present. I'm strong, and I choose my own nights,

My own encounters, my own mode of transport, to where I

Choose to go … I think."

Another time, another place, another look, or should I say,

"gaze?"

Beckoning me to a place of safety with no tricks, no trains, no knots.
Whoever imagined a true definition of "Love," the unfailing kind that never leaves?
One look into those eyes, and I am guided on a journey of healing,
And wholeness, boldness, and more than a snapshot of who I
Really am.
What a sweet adventure, even on shady days.
"Will it ever end?" I ask in the light. "No," I hear back.
And I am wrapped in warm silk, and comforted for life.
Now I sit and I smile with my companion … insight.

26. 자가면역 반응

(The Autoimmune Reaction) by Natasha

통증과 분노가 나를 관통한다
끓는 피와
아드레날린에 하늘 끝으로 치솟고
심장은 머릿속을 쿵쾅거리고
숨은 기관에 갇혔다
감각은 과부하,
나는 온통 불붙었다
이걸 어떻게 붙들지?
어떻게 가둬 둘까?
내 정신이 산산이 부서지려 한다
흩어질 것이다
거울 너머로,
천일 밤을 가로질러,
깊고, 어두운 숲속으로.
나는 비명을 지르고 싶다
나는 밀쳐내고 싶다
나는
네 피투성이
눈알을
도려낼 수도 있다

너의 잘난 듯 웃는, 잔혹한
핏빛의
눈빛을
도려낼 수 있다
솔직히, 나는 말할 수 없다
내가 얼마나 화가 났는지
아니, 솔직히, 나는 못 한다
내가 만약 말했다면
무엇이
내게
닥치게 될까?
나는 그것을 삼켜 내리겠다
그 모든 분노를
목에 걸려 들러붙은 그것을
기침약 시럽보다 더 역겹고
대구 간유보다 더 고약하며
설탕 한 스푼도 없고
루비색 붉은 사과도 없어서
이 독을 삼키게 도와줄 분노를
내 창자의
밑바닥까지
아래로 흘러
위산을 지나

상피층을 지나
몸의 기질을 지나
스며들 시간도 없고
경계를 뚫을 여유도 없다
신호를 따라 움직일 길도 없이
나는 그것을 박동하는 내 동맥 속으로 밀어 넣는다
나는 비명을 지르겠다
나는 밀어붙이겠다
나는
내 피투성이
세포들을
뜯어내겠다
원자 단위의 격노
분자 단위의 자해
뒤죽박죽
되돌릴 수 없다
주문을 걸어
포식작용으로
나는 나 자신을
모조리 먹어치우겠다
이제 나는 발을 굳게 딛지 못한다
그래서 발을 굳게 딛지 않겠다
그러면 너는

아무 대가도 치르지 않고 떠나가겠지
나는 말할 수 없다
나는 결코 말하지 않겠다
내가 얼마나
분노하는지

The Autoimmune Reaction by Natasha

Shot through with pain and rage
Sky high on boiling blood
and adrenaline
Heart pounding through my head
Breath trapped in my trachea
I am over sensed
I am all aflame
How can I hold this?
How to contain it?
My mind will shatter

will scatter
through the looking glass,
across a thousand nights,
and into the deep, dark wood.

I want to scream
I want to push
I could scratch
your bloody
eyes

out

Your smug, laughing, cruel
bloody
eyes
out

Honestly, I can't tell you
how angry I feel
No, honestly, I can't
If I did
what
would become
of me?

I'll swallow it down
all that anger
how it sticks in my throat
Worse than cough syrup
Worse than cod liver oil
No spoonful of sugar
No ruby red apple
to help this poison down

down to the pit

of my guts

down

through the acid

through the epithelial layer

through the matrix

No time for osmosis

for diapedesis

for chemotaxis

into my pulsing arteries, I will force it

I will scream

I will push

I will scratch

my own bloody

cells

out

Atomic fury

Molecular self-harm

Topsy turvy

This can't be undone
Hocus pocus
by phagocytosis
I will eat myself
all up

Now I can't put my foot down
So I won't put my foot down
and you'll walk away
scot free

I can't tell you
I will never tell you
how angry
I feel.

27. 끝은 시작

(The End is the Beginning) by Sharon Elizabeth Brown

끝은 시작 지금은 그렇다, 나는 이기고 있음을 안다;
여름 바다 파도에 숨긴 내 상처;
깊이 사랑하는 내 딸, 그 생각에 나는 흐느끼고 싶어진다;
끝은 시작 지금은 그렇다, 나는 이기고 있음을 안다.

The End is the Beginning by Sharon Elizabeth Brown

The end is the beginning for now, I know I'm winning;

The hurt I hide upon this summer's tide;

My daughter, I love deep makes me want to weep;

The end is the beginning, for now, I know I'm winning.

28. 그들이 꺾으려 한 소녀

(The Girl They Tried to Break) by Zoe Louise Smith

나는 너무 일찍 자라야 했다,
유년의 운율 밖으로 밀려난 아이.
인형도 놀이도 없이, 맡겨진 역할만 있었고
나는 늘, 어떤 방식으로든, 엄마였다.
모든 눈길 속에 금 간 신뢰,
거짓을 말하던 미소, 돌보지 않던 손.
너무 일찍 배웠다 가면을 어떻게 쓰는지,
가슴이 찢기면 침묵이 어떻게 비명을 지르는지.
나는 한 번도 어울리지 못했어, 어디에도 제대로 속하지 못했어,
가장 밝은 웃음을 지어도.
내 안의 고통은 단단히 버티고 있었지,
너는 결코 나의 내면의 갈등을 보지 못했어.
그들은 마치 그게 내 수치인 듯 나를 탓했고,
너는 내려다보았지만, 나는 너의 이름을 알고 있었다.
홀로, 보이지 않은 채, 내게는 선택이 없었다,
그래서 목소리 없이도 나는 해냈다.
끊임없이 버텨내며 증명하려 했지
내가 아는 나보다 더 큰 존재임을.
무엇을 이뤄도, 그 감정은 여전해
내가 맡은 역할 밑에서 여전히 아물지 않은.

얼마나 깊게 베였는지 보여주지 말자,
움직여라, 입을 다문 채로.
나는 악착같이 연기하고, 강한 말만 내뱉지만,
그래도 나는 한 번도 충분하다고 느끼지 못한다.
그 모든 이름들 때문에 내 마음은 아직도 아프다,
수치와 침묵이 빼앗아 간 바로 그 이름들.
밤이면 눈물은 조용히 떨어지고
눈을 감으면 나는 싸움에서 패배한다.
네가 보라고 내어놓은 강인함 뒤에서,
나는 아직도 내 마음 속 작은 소녀다.

The Girl They Tried to Break by Zoe Louise Smith

I had to grow before my time,
A child cast out of childhood's rhyme.
No dolls, no games, just roles to play
I've always been a mum, in some way.

Broken trust in every stare,
Smiles that lied, hands that didn't care.
I learned too young how masks are worn,
How silence screams when hearts are torn.

I've never fit, not quite belonged,
Even with a smile so strong.
The pain within, it stayed so tight,
You never saw my inner fight.

They blamed me like it was my shame,
You looked down, but I knew your name.
Alone, unseen, I had no choice,
So I succeeded without a voice.

Constant thriving just to prove

That I was more than what I knew.
Though I achieve, the feelings stay
Still raw beneath the roles I play.

Never show how deep it cut,
Keep it moving, keep it shut.
I act so hard, I talk so tough,
Yet never feel I'm good enough.

My heart still aches from all the names,
The ones the shame and silence claimed.
Tears fall quietly at night
I close my eyes and lose the fight.

Behind the strength I let you find,
I'm still that small girl in my mind.

29. 밀려난 의지처

(The Go to Girl Once Removed) by Ali Kenefick

너의 파편들 속에 나는 허우적이며 가라앉고, 내게 내려질지 모를 단 한 줄기의 안도라도 붙잡으려 헐떡인다. 널 지켜야 할 자들이야말로 가장 먼저 가장 깊게 배신한다. 두려움과 불안, 카메라, 문과 창문을 확인하는 손, 어딘가 비정상적으로 들리는 그 소리. 소름이 돋게 하는 모르는 번호, 문자 수신음 하나가 척추를 타고 돋게 하는 닭살, 내가 얼마나 하찮게 취급되었는지를 일깨우는 그 냄새, 그것들이 내 매일의 현실이다. 나는 온 존재의 힘을 다해 하루를 버틴다. 내일을 보기 위해. 그러나 가해자는 단 한 번도 책임지지 않았고, 명령을 어긴다. 목소리를 내면, 그들은 그저 연락해 멈추게 하겠다고 말한다. 상황은 더 나빠지고, 마치 잘못이 내게 있는 듯 답을 캐묻는다. 그냥 이사 가면 곧 나아질 거라고. 나는 그랬다 그러나 아무것도 나아지지 않았다. 주를 옮기자 치료는 중단되었고, 나는 도움 줄 이 하나 없이 홀로 남겨졌다. 내게 필요한 건 긴 호흡의 지원, 그러나 나는 지원받지 못했다. 낯선 땅에서, 차가운 바람 속에 내던져져, 홀로 길을 찾아 헤맨다. 만약 온라인 가정폭력 지원 모임이 아니었다면, 지금 나는 어디에 있을지조차 알 수 없었을 것이다.

The Go to Girl Once Removed by Ali Kenefick

Drowning in the very pieces of you. Gasping for any sign of relief that may be bestowed upon me. The ones that are supposed to protect you betray you the most. Fear and anxiety, cameras, checking doors and windows, and that noise that just didn't sound right. That unknown number that makes your skin crawl, the noise of a text coming through sending goose bumps down your spine, the smell that reminds you of how worthless you were, are your everyday realities. I fight with every ounce of my being to get through my day hoping to see the next while my abuser is never held accountable and violates orders and when you do speak up you're told they will contact them to stop which makes it worse and they start drilling you for answers like you're the one at fault. Just move things will get better. I did, and they didn't. Therapy was discontinued because I moved states, and I was alone with no one to help me. Long-term support is what I need, and it is not what I'm getting. I am left out in the cold in a new state, trying to make my way. If it wasn't for my online DV group, I don't know where I'd be today!

30. 내가 아버지라 부르는 남자
(The Man I Call Dad) by Anonymous

정상이라 부를 수 없었다
그 집에서 산다는 것
나는 일기를 써 내려갔다
엄마가 그를 남편으로 두고 산다는 사실에 대하여
알아서는 안 될 것들을 알게 되었지만
내 안이 사랑은 결코 공허하지 않았다
잠든 척하며
너무 깊어진 두려움에 몸이 굳는다
협박과 쾅 부딪히는 소리를 듣고
그들이 또 한바탕 소동을 벌이는 사이 다시 잠에 빠져든다
얼굴에 침을 뱉고 벽에 구멍이 뚫리고
할 수 있는 건 아무것도 없었다, 경찰은 전화를 받지 않았으니까
해마다 또 다른 피해자가 나타났고
사람들을 겁에 묶어두는 일에서 그는 기세를 올렸다
그들이 받은 건 따귀와 발길질이었고
외로움과 두려움은 그들이 슬픔을 치르는 방식이었다
나는 매번 입을 다물었다
속 깊은 아픔을 함께 느낀 자매들 속에서 위로를 찾았다
돌아보면 믿기지 않는다
날마다 보고 듣던 그 모든 일들이

엄마를 어쩌면 그렇게 대할 수 있는지 평생 이해할 수 없을 것이다
그는 내가 바라던 사람이 결코 될 리 없다
나는 아직도 온전히 벗어나지 못했고
내가 아버지라 부르는 그 남자는 여전히 아무 제재 없이 자유롭다

The Man I Call Dad by Anonymous

It was never normal

Living in that house

I would write things in a journal

About my mother having him as a spouse

Things I was never supposed to know

Yet the love I had was never hollow

Pretending to be asleep

I am paralyzed with fear in too deep

Hearing threats and crashing sounds

Falling back asleep to another one of their rounds

Spitting in faces and holes in walls

Nothing to do, the police never received any calls

Year after year, a new victim has arrived

Keeping people in fear is where he thrived

Slapping and kicking were what they received

Alone and afraid is how they grieved

Time after time, I kept my mouth shut

Comfort in my sisters who shared the feeling in my gut

Looking back now, I couldn't believe
The things I would constantly hear and see
I'll never understand how one can treat her
He will never be the man I want him to be
I still am unable to truly break free
And the man I call dad still walks free.

31. 떠나지 않는 고통

(The Pain That Stays) by Fiona Jayne

나는 애도한다 될 수도 있었던 내 모습을,
성인 시절을 온통 잃지 않았다면,
내 마음 속 혼돈에 삼켜지지 않았더라면.
나를 지켜야 했던 이들이 남긴,
작고, 연약한 아이에게 남겨진 혼돈.
깨진 어린 시절은 묻히지 않는다;
그 잔해는 마음과 몸과 기억에 살아.
날마다 나를 괴롭힌다,
이제 나는 외면할 수 없다...
받아들이고, 슬퍼하고, 다시 잇고, 치유하려 애 쓰고.
치유는 이제 내 전업이 되었다,
급여도, 혜택도 없는 일…
되돌아오는 것은 고통과, 부끄러움과, 심판,
그리고 세상의 끝없는 오해뿐.

***The Pain That Stays* by Fiona Jayne**

I grieve the person I could have been,
Had I not lost my whole adult life,
To the chaos in my mind.
Chaos caused by those meant to protect,
A small, vulnerable child.

A broken childhood is never buried;
It lives on in your mind, your heart, and your body.
The ruin it created haunts me daily,
I am now forced to pay attention…
To accept, to grieve, to rewire, to attempt to heal.

Healing is now my full-time job,
Without wage or benefits …
Only more pain, shame, judgment,
And societal misunderstanding.

32. 내가 짊어진 값

(The Price I Pay) by Gloria Eveleigh

무엇이 순결인가, 무엇이 믿음인가?
사랑이 욕망이 아니라면, 무엇이 사랑인가?
무엇이 행복인가, 무엇이 두려움인가?
네가 곁에 있을 때, 무엇이 안전인가?
무엇이 포옹인가, 사랑해라는 말인가?
무엇이 보호인가, 무엇이 진실인가?
무엇이 비밀인가, 무엇이 협박인가?
끝내 채워지지 못한 그 갈망은 무엇인가?
무엇이 분노인가, 무엇이 걱정인가?
보이지 않는 감옥에서의 삶은 무엇인가?
너의 은밀한 죄의 값은 무엇인가?
내 것이어서는 안 될, 평생의 죄책감.

The Price I Pay by Gloria Eveleigh

What is innocence, what is trust?
What is love if it isn't lust?
What is happiness, what is fear?
What is safety when you were near?
What is a cuddle, an I love you?
What is protection, what is true?
What is a secret, what is a threat?
What is the yearning that you never met?
What is anger, what is rage?
What is life in an invisible cage?
What is the price for your secret crime?
A lifetime of guilt that shouldn't be mine.

33. 삶의 각본 (The Script) by Abigail Bobb-Semple

나는 대본을 집어 들고 읽기 시작했다,
몇 해 동안 놓을 수 없었다,
그 길이 부끄러움과 두려움 족쇄로
나를 끌고 갈 줄은 몰랐다.
선택은 없었다; 그것은 내게 강제로 들이닥쳤다.
내가 시계 읽는 법조차 몰랐을 때,
수십 년이 흐를 줄도 몰랐다
자유의 종이 울릴 때까지.
나는 보고, 듣고, 느끼고, 맛보고,
냄새 맡고, 읽고, 또 읽었다,
작은 점 하나조차 허투루 남기지 않고
책을 삼켜 악보를 외웠다!
굽히지 않는 리듬에 몸을 맞추며 움직였다,
재단되고, 옥죄이고, 고칠 틈조차 없는 길,
사랑도, 권한도 없어 가사를 고치지 못했고,
나를 해에서 지켜줄 비밀조차 없었다
그렇게 내 앞에 짜여진 각본이 있었다,
내가 어떻게 연기해야 하는지까지 쓰여 있었다,
이제 치유의 길에 서서 묻는다,
"무엇이 허구였고, 무엇이 사실이었는가?"

The Script by Abigail Bobb-Semple

Picked up a script and started reading,
Didn't put it down for years,
Had no clue that it would be leading
To binding shame and ferocious fears.

Had no choice; it was thrust upon me,
Before I could even tell the time,
Didn't know it would be decades
Until the clock of freedom would chime.

I saw, and heard, and felt, and tasted,
Smelt and read and read some more,
Til not one little dot was wasted
I'd absorbed the book and learnt the score!

I'd move to the sound of the unbending rhythm,
Measured, restricted, no room to reform,
No love or dominion to rewrite the lyrics,
Or insider's knowledge to save me from harm

Such was the screenplay mapped out before me,
Including instructions on how I should act,
Now that I live on the right side of healing, I ask,
"What was fiction, and how much was fact?"

34. 나를 가두는 갑옷 (Prison of Armour) by Zoe Leeds

내 안의 무언가 산산이 부서져
바닥 위로 피를 흘린다.
기억의 파편
감정의 조각들이
나를 다시 또다시 찢어발긴다
비틀리고 갈라져
신음하며 중얼거릴 때까지
"제발 가까이 오지 마. 신이여, 나를 보호하소서."
나는 오랫동안 착하고 순종적이었다,
무엇이든 되어야만 했다
네가 다치게 하지 않도록.

이제는 마음 깊은 곳이 썩어드는 듯하다
결코 충분하지 못했던 지난 날의 나.
나는 간절히 충분한 사람이 되고 싶다
내 신경의 길은 작동하지 않는다;
제대로 기능하지 않는다.
나는 모른다
어떻게 사랑하는지 혹은 사랑받는지.
믿음 따위는 불가능하다.
감정은 닫혀버렸다:

몸에서 떨어져 나와;
말 그대로 정신이 나가 있다.
진물이 스며나와, 딱지가 앉은, 지저분한 상처,
아니면 멀리 떨어져 무감각한 채.
나는 영혼을 믿어야 한다;
내 영혼만은 온전하리라.
그것이 내가 붙잡은 마지막 조각
더럽혀지지 않은 채
(그러나 그마저도 흔들린다).

이제는 살을 가르며 붉은 피를 울지는 않는다
하지만 그 흉터는 영원히 내 몸에 남아 있다.
때로는 부끄러움으로,
때로는 자부심으로,
더 자주 무심한 어깨 으쓱임으로.
나는 애쓴다,
누가 머물든 떠나든 상관하지 않으려.
어차피 끝내 아무도 머물지 않으니까.
나는 어둠 속에서 허둥대며
부서진 조각들을 다시 맞추려 애쓴다.
의미가 맞는 방향으로
분노와 슬픔, 두려움 너머.
그러나 나는 대개 실패한다

고요와 침묵, 어둠 속에서
내면의 비명이 점점 더 커진다.
나는 이제 위험하지 않다.
너는 더 이상 물리적으로 여기에 없지만
나는 여전히 네 그림자를 느낀다
어둠 속에 숨어 나를 조롱하는 네 숨결.
나는 여전히 악몽이 두렵다
유령들, 공황 발작, 내 그림자조차.
어떤 밤엔 숨조차 쉴 수 없다
나는 여러차례 조각조각 죽어갔다

내가 진짜 같지 않을 정도로 자주.
오랫동안 도망치고 싶었다, 자유롭고 싶었다.
이제는 아마 절대 그럴 수 없음을 받아들인다.
스스로를 지키겠다며 쌓아올린 주철 벽은
나를 가두는 감옥이 되어
결코 빠져나갈 수 없다.
때때로, 피나 눈물이,
내 것인지, 타인의 것인지도 모른 채,
틈새로 스며 나와 바닥을 적신다;
또 하나의 잔해를 치워야 하지만,
대부분 나는 그저 시간을 버티며 앉아 있다;
열쇠 없는 감옥에서 간수이자 죄수로

··· 내 안의 무언가가 산산이 부서져

바닥 가득 피를 흘릴 때까지.

Prison of Armour by Zoe Leeds

Something in me shatters

And bleeds all over the floor.

Fragments of memory

And shards of emotion

Rip me apart again and again

Until I'm twisted and torn

And whimpering

"Please don't come near me. God, I need a hug."

I was good and compliant for so long,

Trying to be whatever I needed to be

To make you not want to hurt me.

These days, I feel rotten to the core

For never being good enough.

I'm desperate to just be enough

My neural pathways don't work;

Not like they should.

I don't know how

To love or be loved.

I definitely can't trust.

I'm emotionally shut down:

Disconnected from my body;

Quite literally out of my mind.

A seeping, crusting, messy wound

Or I'm distant and numb.

I have to believe in spirit;

That my soul stayed intact.

It's the only part of me I have left

Untainted

(But I wrestle with that)

I no longer carve up and cry actual blood

But I forever wear those scars.

Sometimes with shame,

Sometimes with pride,

Most often with a shrug.

I struggle to care

whether any of us stays or goes.
Nobody stays in the end.

I'm scrambling about in the dark
Trying to fit the broken pieces back together
In a way that makes sense
Through the rage and the grief and the fear.
I usually fail

In the stillness, silence, darkness
The internal screams get louder.
I'm not in danger now.
You're no longer physically here
But I still feel you lurking there
In the shadows, taunting me,

And I'm afraid of the nightmares
The ghosts, the panic attacks, my own shadow.
Some nights I can't breathe

I died, piece by piece, so many times
That I don't even feel real anymore.
I spent so long trying to escape, to be free.

I now accept I probably never will be.
I built cast-iron walls to keep me safe
But I built myself a prison
From which I can't break free.
Occasionally, blood or tears,
Whether mine or someone else's,
Seep through the cracks and spill on the floor;
Another mess to clean up,
But mostly I'm just sat doing time;
A gaoler and a prisoner with no key

… Until something in me shatters
And bleeds all over the floor.

35. 무제 (Untitled) by Clare

김빠진 라거 냄새
그의 목소리가 공기를 메우고
그와 단둘이 집으로 걷는 밤이 또 온다
내일이면 멍이 들겠지
사과와 변명이 뒤따르고
하지만 우린 둘 다 안다 또다시 그 모든 걸 반복할 거라는 걸
이 순환은 끝나지 않는다
나는 다 말라버린 채 지쳐 있다
애쓰고 또 애쓴다
그러나 번번이 어긋난다
거울은 멍든 자리를 보여준다
더는 둘러댈 말이 없다
하지만 우린 둘 다 안다 또다시 그 모든 걸 반복할 거라는 걸
내 절박의 끝에서
존재하지 않다시피한 자존감에서
바닥난 기대에서
살아 있음의 비참에서
가장 작은 깜박임 하나
가느다란 희망 한 조각
어쩌면, 정말 어쩌면
다른 길이 있을지 모른다

되돌아보면
지금 내가 가진 안온함에서
내가 만들어낸 모든 것으로부터
그리고 달라진 삶 속에서
그것이 허망했음을 본다
잔혹했고, 무의미했음을
그럼에도 나는 여기 있다
그래. 나는 여기 있다

Untitled by Clare

The smell of stale lager

As his voice fills the air

It's another night walking home alone with him

Tomorrow there'll be bruises

Apologies and excuses

But we both know that we'll do it all again

This cycle's never-ending

And I'm washed out and exhausted

I'm trying and I'm trying

But I never get it right

The mirror shows the bruises

And I've run out of excuses

But we both know that we'll do it all again

From my utter desperation

My nonexistent self-esteem

From my lowest expectations

My misery in existence

Is the tiniest flicker

A slither of hope

That maybe, just maybe

There is another way

Reflecting back

From the comfort I now have

From all that I've created

And the different life I live

I see that it was wasteful

It was cruel, and it was pointless

Yet here I am

Yes. Here I am

36. 순수의 아이 (The Child of Innocence) by Kim

초등학교 2학년 무렵, 우리는 여섯 시면 밥을 먹고 잠자리에 드는 게 보통이었다. 아빠는 학교에서 돌아오면 우리가 곁에 있는 걸 원치 않았다. 그가 원한 것이 언제나 우선이었다. 일주일에 한 번쯤은, 엄마를 공격해야만 큰사람이 된 것처럼 느꼈다. 나는 오빠와 함께 계단 끝에 앉아 엄마의 울음을 들었다. 더 나쁜 건, 그게 모두 엄마 탓이라고 내가 생각했다는 사실이다. "엄마는 맨날 나빠," 나는 브라운 테드를 끌어안고 말했다. 오빠가 나를 보았다. "나쁜 일을 해야 혼나잖아." 내가 설명했다. 여섯 살짜리의 논리였다, 그래서 나는 늘 혼나니까, 나는 나쁜 아이, 속까지 나쁜 아이라고 믿었다. 그보다 더, 나는 내가 미움받는다는 걸 알았다. 나를 지켜주고 사랑해야 할 사람들이 나를 미워했다. 세상은 혼란과 불확실, 그리고 통증으로 가득했다. 문제는 나에게 있는 줄 알았다, 사랑받을 만큼 나는 충분하지 않다고. "엄마가 이번엔 정말 많이 나빴나 봐." 아빠가 얼마나 화가 났는지 들으면서 내가 말했다. "엄마가 버터를 냉장고 밖에 내놔서, 아빠 버터가 너무 말랑하대." 우리는 그의 고함을 계속 들었다. 내가 아는 건 한 가지, 아빠는 예고 없이 자주 이성을 잃었다. 나는 늘 대기 중이었다. 늘 두려웠다.

다음 날은 일요일이었다. 외출을 하거나 친척을 만나러 가면 가장 좋은 날이기도 했다. 하지만 그가 기분이 나쁘면 최악의 날이었다, 폭력과 분노가 집 안을 가득 채웠다. 엄마는 또 울고 있었다. 아래층이 아수라장이 되는 동안 나는 브라운 테드를 꼭 붙들었다. "엄마가 오늘은 정말, 정말 나빴나 봐." 내가 속삭였다. 찬장을 두드리는 그의 주먹 소리가 났다. 우리는 동시에 몸을 움찔했다, 내 몸은 공포로 굳어졌다. "엄마가 버터를 냉장고에 너무 오래 넣어뒀대. 너무 딱딱하대." 오빠가 속삭였다. 엄마는 그에게 진정하라고 애원했다. 나는 눈을 감고 브라운 테드를 안았다, "괜찮을 거야, 다 괜찮아질 거야." 결국, 침묵이 왔다. 우리는 귀를 세웠다. "엄마 괜찮은지 보러 갈까?" 내가 물었다. "그냥 위에 있자." 매트가 말했다. 불안은 삼십 분 넘게 이어졌다. 거실 문이 열리는 소리가 났다. 우리는 황급히 계단 끝에서 뛰어내려 내 방으로 달려갔다. 침대에 나란히 앉아 서로의 손을 잡았다, 심장은 세게 뛰었다. "너희, 당장 내려와!" 그가 소리쳤다. 우리는 겁먹은 눈빛으로 서로를 보았다. 그대로 있고 싶었지만 감히 그럴 수 없었다. 계단을 걱정스레 내려갔다. 어떤 장면이 우리 앞에 펼쳐질지 모른 채, 불안으로 가득 찬 채. 식탁에 아침이 차려져 있었다. 우리는 예의바르게 앉았다. 아빠는 마치 아무 일도 없었다는 듯 미소 지었다. 매트는 미소 지은 뒤 조용히 식사를 시작했다. 나는 눈물로 얼룩진 엄마의 얼굴을 보았다. 아빠를 두려워하며 올려다본 내 눈빛은 그를 분노하게 했다. "그렇게 쳐다보지 마, 아가씨." 그는 눈도 깜박이지 않고 노려보았다. 나는 금세 불안해졌다. 그의 얼굴이 분노와 증오로 가득 찼다. "대체 넌 왜 그러는 거지?" 그가 속삭이듯 다가왔다. "아무것도요." 눈물이 고이기 시작했다. "그럼 웃어." 그는 차갑게 말했다. 나는 할 수 있는 한 최대로 웃어보았고 눈물을 삼키려 애썼지만 소용이 없었다. 난 어떻게 해야 안전할지 알 수 없었다. 오빠를 보니,

그는 더 열심히 먹고 있었다. 엄마는 말을 할지 말지 망설이며 상황을 더 악화시킬까 두려워하며 방 안을 서성였다. "이 [욕설] 같은 집안은 왜 이 모양이야!" 그는 내 얼굴에 대고 고함쳤다. "너희는 전부 [욕설] 형편없어." 탁자를 주먹으로 내리쳤다. "제발 그만해요, 아이한테 그러지 마요." 엄마가 그를 붙잡으며 부탁했다. 엄마가 감히 대들었다는 이유로 그는 돌아서 엄마에게 달려들었다. 분노는 다시 엄마에게 쏠렸다. 죄책감은 견딜 수 없었다, 내가 어떻게 해도, 원인은 늘 나였다. 그를 더 화나게 하지 않으려고 나는 억지로 먹었다 울음 사이로 삼키는 건 거의 불가능했다. 눈을 감았다, 이곳에서 벗어나고 싶어서, 그러나 아빠의 고함은 너무 컸다. 몇 시간 뒤, 모든 것이 잠잠해지고 아빠가 안락의자에서 코를 골기 시작했을 때, 나는 의자에서 천천히 몸을 떼어 위층으로 올라갈 용기를 냈다. 엄마는 침대에 앉아 있었다. 엄마가 나를 보았고, 나는 그 곁에 앉았다. 나는 너무 겁이 났고, 아팠고, 혼란스러웠고, 엄마가 나를 품에 안아, 안전하고 괜찮을 거라고 말해주길 필사적으로 바랐다. "가엾은 엄마." 엄마가 말했다. 나는 두 팔로 엄마를 감싸 안았다. "가엾은 엄마." 내가 말했다.

The Child of Innocence by Kim

By the time I was in the second year of infant school, it was usual for us to be fed and in bed by 6 o'clock. Dad did not want us around when he came home from school. What he wanted was paramount. At least once a week, he would need to feel like a big man by attacking Mum. My brother and I would sit at the top of the stairs listening to her cry. The worst thing was I remember thinking it was all her fault. "Mummy is always bad," I said, cuddling Brown Ted. My brother looked at me. "You only get told off if you are bad," I explained. This was my six-year-old logic, the same logic that told me, since I was always being told off, I was no good and bad to the core. More than that, I knew I was hated. The ones who should protect and love me were the ones who hated me. The world was full of confusion, uncertainty, and pain. I knew it was about me, that I wasn't worthy enough to be loved. "Mum must have been really bad this time," I said, listening to how mad Daddy was. "She left the butter out of the fridge and it's too soft for his butter." We continued to listen to him scream. All I knew was that Daddy was always losing his temper, often without warning. I was permanently waiting. I was always afraid. The next day was Sunday. They could be the best days with trips out or visiting family. But if he wasn't happy, they could be the worst days, being trapped inside with violence and rage. Mummy was in tears again. I held onto Brown Ted as all hell broke out downstairs. "She must have been really, really, bad today," I whispered. We heard his fists punching the cupboards. We both jumped, my body becoming stiff with fear. "She left the butter in the fridge too long, it is too hard," whispered my brother. Mummy was pleading with him to calm down. I closed my eyes and cuddled Brown Ted, telling him, "Don't worry, everything will be okay." Eventually, there was silence. We strained our ears to hear anything. "Should we see if Mummy is okay?" I asked. "Maybe we should stay up here," suggested Matt. The anxiety lasted over half an hour. Then we heard the lounge door open. We quickly jumped off the top step and ran into my bedroom. We sat next to each other on my bed, holding hands for reassurance, our hearts pounding. "KIDS, GET DOWN HERE," he shouted. We looked at each other fearfully. We wanted to stay where we were, but we would not dare. We walked gingerly downstairs, overwhelmed with anxiety. We were terrified, not knowing what we would scene would emerge before us. We saw breakfast was waiting for us. We sat at the table with perfect manners. My father smiled at us as if nothing had happened. Matt smiled at him and got on with his breakfast. I saw my mother's blotchy face from crying. I looked fearfully at my father, which clearly angered him. "Don't look at me like that, young lady," he glared at me, not blinking. I started to get upset. His face became full of rage and hatred. "What is wrong with you?" his voice barely a whisper as he came closer. "Nothing," I said, my tears starting to fall. "Then smile," he said flatly. I grinned the best I could, trying desperately but unsuccessfully to hold back the tears. I felt afraid and unsure of what to do to keep safe. I looked at my brother, and he busily started to eat. My mother was pacing around, unsure if to say something, worried it might make matters worse. "What is wrong with this [censored] family?" he screamed into my face. "You're all so [censored] miserable." He smashed his fist into the table. "No, please leave her," my mother pleaded, pulling him away. He turned on her, furious she dared stand up to him, and continued to vent his rage out on her. The guilt was unbearable; no matter how I tried, I was always the cause. I tried to eat so as not to anger him further. It was nearly impossible to swallow amid the sobs. I closed my eyes, trying to escape from this place, but Daddy's screams were too loud. Hours later, when things had calmed down and Daddy was snoring in the armchair, I slowly found the courage to leave the chair and go upstairs. I found Mummy sitting on her bed. She looked at me, and I sat next to her. I was so scared, hurt, confused, and desperately needed her to make me feel nurtured and safe, to tell me everything would be okay. "Poor Mummy," she said. I put my arms around her. "Poor Mummy," I said.

37. 유년의 집 내 오두막을 찾아

(Visiting My Cottage My Childhood Home) by Rosaleen O'Brien

아이였던 내가, 기도하던 그 오두막은 해어져 보였다
여전히 언짢은 꿈들을 잠가 둔 채
그저 거기 서서 폭풍을 막아내는 듯
적어도, 겉보기에는 그랬다
가까이 들여다보니, 지붕은 아직 튼튼했고
창틀에는 새 페인트가 필요했다
부모님은 이미 세상을 떠났고, 그들의 때는 지나갔다
그 순간, 나는 아득해졌다
현관문은 닫혀 있었다 이야기는 이미 다 한 듯
엄마의 이웃들은 엄마의 친구들이었다
부모님은 부름을 들었고, 그게 전부가 아니다
나의 이야기는 끝나지 않는다
길은 쓸리듯 지나갔고 삶은 계속 흘러갔다
이웃의 소들은 바닷가 만에 내려와 있었고
나는 가만히 서서, 이유를 생각했다
더 이상 할 말이 남아 있지 않았다
시간은 흘러, 이제 내 머리는 희어졌고
내 삶의 지도는 더 촘촘해졌다
분투와 다툼, 삶의 비극
어쩌다 나를 다시 이곳으로 데려왔다

가끔 문안 오던 이웃들의 이름을
엄마는 유언장에 남겨 두었다
엄마는 그들을 잊지 않았다
푸른 들판을 건너 바라보며, 정답던 암탉이 그리워졌다
그 들판은 그때보다 훨씬 더 푸르게 보였다
울타리는 하나둘 사라져, 누구나 기꺼이 서서 보게 될 풍경이 열렸고
내가 소녀였을 때, 삶은 너무 빨랐다   겨우 십대였을 뿐
빵 한 조각을 벌기 위해 집을 떠나야 했고   이제 나의 우선순위는 달라졌다
좋은 날도 나쁜 날도, 사람이 어떻게 사소하게 비틀거리는지 나는 기억한다
집을 떠나며 아빠에게 약속했다   나 다시 돌아올 거예요, 알죠
아빠는 그대로 나와 조심하라고 했다
보낼 수가 없구나   "작별인사"도 없이, 아빠는 울었다
나는 삶과 그 모든 의미를 보았고   그 길을 걸어   결국 돌아왔다
하지만 아일랜드는 내 꿈들의 묘지였다

Visiting My Cottage My Childhood Home by Rosaleen O'Brien

The cottage looks frayed where, as a child, I prayed

Still lock unpleasant dreams

It just stands there and holds the gale

Well, so it seems

On looking close, the roof is strong

The windows do need paint

Parents they have died, they have had their day

Right then, I felt so faint

The front door was closed – the story is told

Mother's neighbours were her friends

My parents heard the call, and that's not all

My story never ends

The road swept past – life carried on

Neighbour's cows were in the bay

Standing still, I wondered why

I had nothing left to say

Time had moved on, my hair now grey

My map of life detailed

My struggles and strife, and tragedy of life

Somehow brought me back again

Neighbours called on mother now and then

Making them benefactors in her will

She did remember them

Looking across the green fields, I missed my doting hen

Those fields looked much greener than they were back then

Fences had gone one by one, you could have viewed such inviting scenes

When I was a lass, life moved so fast – I was only in my teens

I had to leave home to earn a crumb – my priorities have now altered

Good days and bad days, I recall the little ways one falters

I promised Dad when I left home – I will return again, you know

Dad walked right out and warned me to watch out

I cannot let you go – with no "goodbye," cause my dad he did cry

I have seen life and all that it means – Having walked that track – I did come back

But Ireland was the graveyard of my dreams

38. 전쟁구역 (War Zone) by Wendy Young

아프간 아이들 점프 케이블처럼 전기가 튀고
요람에서 로켓처럼 튕겨나간다
머리를 내리치며, 한 줌의 소녀 하나가
패닉에 빠져, 비명을 지른다
나는 그 두려움을 알아본다
접시만큼 커진 그 눈에서
나는 되돌아간다
살을 꼬집고
머리카락을 잡아당기며
그 작은 몸을 관통해 도는 전압
비명을 지르며 꿈꾼다
이곳에서 천 마일 떨어지기를
지휘관은 방아쇠를 당기고, 폭탄으로 씨를 뿌린다.
작은 자들이 기총소사를 온몸으로 받는다 부랑아에서 군벌까지,
제각기 다른 세계가
우리의 얼굴을 후려친다
스맥이 퍼뜨린, 산산히 흩어진 땅들
나는 한때 아프간 코트만 들어봤다,
아프간 아이
그 이름들이 함께 우리의 목을 그었다.

War Zone by Wendy Young

Afghan kids fired like jump leads

Rocketed out of their cradles

Slapping her head, a scrap of girl

Panics, screams

I recognise the fear

In her saucer eyes

I am back

Nipping my skin

Pulling my hair

The volts charging through that little body

Scream and dream

To be a thousand miles from here

The man in charge fires the guns, plants the seed with the bombs

The little absorb the strafe – waifs to warlords

Their own worlds

Smacking our faces

Smack induced dispersed places

I'd only heard of Afghan coats

Afghan kid

But they cut our throats together.

39. 비난은 어디에 닿는가 (Where Lies to Blame) by Jayne

사랑하는 사람들에게는 제대로 해야 해
넌 우리를 정말 사랑하긴 하니?
사랑하는 사람들에게는 제대로 해야 해.
정말이니? 난 잘 모르겠어.
네가 커보이려고,
날 짓밟을 때마다,
내 꼴이 어떻다고 설교하곤
넌 곧장 피해자인 척 하지.
밤거리, 즉흥의 만남, 호텔방들
아름다운 날의 공원,
스물한 살도 안 된, 네가 가장 좋아하는 먹잇감.
이제 넌 도망치려해
진실에서로부터 또다시.
네가 만든 흔적을 벗어던지고
비난은 우리에게 남겨둔 채.
사랑하는 사람들에게는 제대로 해야 해
그들이 살아가기 원한다면.
사랑하는 사람들에게는 제대로 해야 해
그들이 그저 생존을 넘어 온전히 살아가려면.

Where Lies to Blame by Jayne

You gotta do right by the ones you love

Do you love us at all?

You gotta do right by the ones you love.

Do you? I'm not sure.

Every time you put me down,

To build you up,

Tell me bout the state I'm in

Then you play victim.

Hookers, hook ups, hotel rooms

Parks in weather fine.

Under 21, your favorite prey.

Now you want to run away

from the truth again.

Slough off the mess you've made

and leave us with the blame.

You gotta do right by the ones you love

If you want them to thrive.

You gotta do right by the ones you love

For them to do more than survive.

40. 당신은 결코 혼자가 아니다

(You Are Never Alone) by Maxine Ana

모든 건 당신에 관한 이야기
당신은 결코 혼자가 아니다.
당신은 나쁜 사람이 아니다.
당신은 잘못한 것이 없다.
멍과 두려움은 당신의 몫이 아니다, 대신
당신은 사랑받고 귀 기울여질 자격이 있다
당신은 행복할 권리가 있다
당신의 목표와 꿈은 지지받아야 한다
당신은 새처럼 자유로울 자격이 있다, 재에서 날아오르는 불사조처럼
당신은 이미 충분하다
당신은 새처럼 자유롭게 날며 떠날 수 있다
당신이 얼마나 놀랍고, 신비롭고, 아름다운 사람인지 절대 잊지 말아라.
기억하라
당신의 허락 없이는 누구도 당신을 다치게 할 수 없다.
당신은 결코 혼자가 아니다.

You Are Never Alone by Maxine Ana

It's all about YOU

You are never alone.

You are not a bad person.

You did nothing wrong.

You don't deserve the bruises and fear, BUT

You do deserve to be loved & heard

You deserve to be happy

You deserve to be supported in your goals and dreams

You deserve to be free as a bird, like the phoenix rising from the ashes

You are enough

You can fly free like a bird & leave

You must never forget how wonderful, magical & beautiful you actually are.

Never forget that

Nobody can hurt you without your permission.

You are never alone.

상처는 시가되어 Still, She Writes

초판 1쇄 발행 2025년 10월 17일

엮은이 이원우
옮긴이 황유선
펴낸곳 Grace Literature
　　　　 등록 제2025-6호 (2025년 1월 7일)
　　　　 829-99-01632
　　　　 주소 서울시 강남구 압구정동
　　　　 이메일 gracelee08512@gmail.com, yoosunny@gmail.com
ISBN　979-11-991041-3-6 03840

ⓒ Grace Literature, 2025

이 책에 실린 모든 글에 대한 저작권은 Grace Literature에 있으므로 이 책을 무단 복사, 복제, 전제하는 것은 저작권법에 저촉됩니다.